Local area Business

地方起業のすすめ

「食」と「福祉」の翼
人に優しい融合事業
その襷を未来へつなぐ

一般社団法人アースファクトリー代表理事
中塚総紀

はじめに

人が歩む道は、さまざまな困難にぶつかり、ときには迷路の中をひと筋の輝きを求めてもがき、そしてまた立ち向かい乗り越えるもの。それぞれの幸福を抱き願い、その最終章まで生き抜くことが、ひとつの命を全うする務めなのだと、私自身感じ、生きてきたひとりです。

我々の希望とは無縁だと神はときに残酷な仕打ちをします。親の問題などで不遇の世界に置かれる子どもたち。生まれながらに健康な身体から かけ離れてしまう子どもたち。社会は彼ら彼女らを障がい者と称します。そうでない者を健常者といい、どこかで設けられたその健常意識の世界で、彼ら彼女らに本当の意味で寄り添うことなく生涯を終える人も少なくはないのです。

また、高齢化社会の歪みの中、自宅でひとり命を閉じるお年寄りも多いのです。

健常なる人たちが非健常なる人たちを守ることや、祖父母両親を大切に敬うことは「ひとつの命に対する尊厳」と「命の継承や共生」として、とても大切なことだと思います。

その尊厳感覚が私の心の中で大きな課題を常に投げかけ続け、自分自身の歩む道に起きた問題と闘い続けてきました。我々がそれぞれ立つ〝ここ〟で、太古の昔から育まれ続けてきた生産「糧づくり」をひとつの軸として、家族の分離が進む現代だからこそ必要な、人に優しい融合事業を目指してきました。起業を考えている方、地域に役立ちたいとの思いや志ある人のこれからに役立てば本望と、この一冊を取りまとめることにいたしました。


我が人生、多くの挑戦と失敗の中で、そばに居てくれた人に心ならずも苦労をかけたことも多々あります。時代背景だけでなく、今振り返ると自身の明らかなる力不足やミスジャッジにて迷惑をかけたことも多大です。天を仰ぎ日々合掌し生きるとき、応援し続けてくれた方々に心からの感謝の意と、お詫びの想いを込めて、約束を果たすべく歩み続けてきたこの道の信念と姿勢を、集大成へ向かう想いとして綴らせていただきます。

農業生産から食の技術にて生み出される加工食品という「糧」、その命の育みに、福祉支援事業を融合させること。それが、皆それぞれの〝ここ〟での起業や現在の事業に融合することで地域創生の活動となり、後継者へ事業継承できる確かな存在となり、地方に生きる人々の永遠の夢である「カタチ」となってほしいと願っています。そしていつでも夢は現実のものになるのです。

福祉事業者が地域内で何かを生産し販売をすることは、支援の仕事としてとても大切なことです。我々はさらに、プロの生産現場に垣根なき就労の支援策を融合化させることを目指し、さまざまな事業体の方々と協働することを目指しています。「共に寄り添い働く」ことで生み出される商品が、民間的一般販路の展開の中でも後れを取らない力強いものであるよう、障がい者の自活自立のための報酬（工賃）向上を目指して歩み続けています。

長きに亘り食品事業に携わり、料理人として商品の開発や販路支援、経営の指南役として多くの方々と一緒に歩んで参りました。皆様の〝ここ〟に皆様の想いが発芽し、子々孫々の歩みとなることを心より祈ります。

２０１８年６月10日

一般社団法人アースファクトリー代表理事　中塚総紀

目次

第4章 倒されても起きる 全国各地の〝ここで生きる〟生産者との出会い

第7章 すべてが必然 偶然に思える出会いが織り重なり私を支え、今に導いた

第1章

Local area Business

どこでもできる！
地域と人を活かす
複合ビジネスモデルの確立

& 4” means

▶地方で起業することを全国に広めたいと強く語る中塚総紀氏

私が大切にする事業理念

私は今、千葉県の南房総、鋸南の地で地域密着型の福祉融合事業を起こし、その多角化に向けて動いています。私にとっての事業は、自分や自分に関わる人々が生計を立てるための「糧」づくりの手段であると同時に、社会貢献を融合するための手法でもあります。

商いである以上、そして資本主義の中に生きる以上、儲けを出さなくてはなりません。けれど金儲けにとらわれて、人に優しい手段や方法を選ばない商いは、いつの時代でも、結果、淘汰されてきたことは歴史が語っています。

高度成長期の時代は、とにかく儲ければよかった。どんどん稼いでお金を回す企業がよい企業とされてきました。そうして突っ走り〝泡と消えた〟それまでの価値観。その後、日本経済の回復までには長い期間を必要としたのです。

しかし、もう一方では経済の停滞と共に社会全体が停滞し、人々も意気消沈しているかのような時期の中、新たな革命が起きました。産業革命以来といわれる新たなウェーブ、情報化革命です。それに伴い、社会の構造が変化していきます。どんどん人々の意識や価値観も変化していきます。私が社会人デビューした頃は携帯電話もない時代で、連絡のやりとりものんびりしていたものです。何か要請があっても翌日以降なんてごく普通のことでした。

そうして今、日本はある種の飽和的成熟の時代なのではないでしょうか。その中で、本当の意味で環境や人に優しい自分たちの成熟した社会を、自分たちの手でつくり出すことを求められているのではないでしょうか。

誰もが分け隔てなく公平に、自分の持てる力を活かせる社会。この限りある日本の国土、その四季折々の宝を、母なる海に囲まれ、変化に富んだ地形からなる豊かな地域色を、すみずみまで活かす社会。そこに暮らす人々が、自分のしたいこと、できることで社会に貢献し、その結果、みんなが充実してつながり生きることのできる社会。そして、昔の日本にあった親子三世代の暮らし方の支え合うあり方の必要性を、取り戻さないといけないと思うのです。

そうした社会をつくること、よき時代に戻すこと。現在の社会のシステムを変えることなどはそう簡単ではありません。ひとりの力でできることでもありません。けれど決して不可能ではない。誰にでもできることがあり、その実行と結果の積み重ねによってシステムも歴史も変わっていきます。

経済は社会の基盤となるものです。その経済を回す商い、ビジネスを携わる一人ひとりが生み出していき、それが関わり合い、つながったものが社会経済です。企業組織や起業した者だけでなく、そこで働く人々、そして消費する我々、つまり生きる人々すべてが経済の担い手となって、何らかの関わりで物事を決めていると思うのです。地域という大地にしっかりと根を張る事業が、未来永劫なる〝襷《たすき》〟として継承される仕組みが大切なのです。

どんなビジネス活動をするか。それは、どんなふうに社会に関わっていくか。どんな社会を目指すかということです。私は、地方が、すべての人々が、持てる力を活かして互いに支え合い、そこに喜びを見出せるような社会の中で貢献することを目指して〝食を軸にした複合事業のあり方〟を大切に、活動を続けております。

食の仕事で社会問題の解決に

社会問題の解決というと、大きなことのように感じます。個人にどうこうできる問題ではないと思えます。ニュースを見聞きすれば、今の日本にも世界の国々にも、問題が山積しています。周囲を見回しただけでも、スムーズにいっていないことが山ほどあるのではないでしょうか。もちろん、世界や日本という国家の問題を一足飛びに解決しようとしてもできません。

どんなに権力や財力を持った者であっても無理でしょう。

一人ひとりが自分の抱える問題を解決したい。よりよい明日を目指したいと思い、動かなければ、何も始まりません。何も変わりません。どんなことも、身の回りの小さなこと、できることから始めるのです。目に見えない志の共鳴という力が集まって、社会を動かす力になる。だから目指すことへ向かって動いているのであれば、たとえつまずきがあっても、どんなことも無駄にはなりません。共に歩む友は必ずそれぞれの〝ここ〟に現れるのです。

私のような個人が「食の仕事で社会貢献したいのです」といっても、何ができるかと思う人がいるでしょう。けれど、何ができるかではなく、何をするかという想いが大切だと思うのです。その結果、ひとつの〝何か〟が成果となり、その道が確実なものになっていくのです。

人は疑惑や恐怖、失望感の中で成長はしません。今までに関わった企業改革の現場でも大切に提言してきましたが、夢に立ち向かう信念と自信と希望をいかなるときにも強く抱き、目下の問題へチャレンジすることがとても重要だと思うのです。

青春時代から生きることに対する多くの書を読んできました。これは私が大切にする詩のひとつです。

青春

原作　サミエル・ウルマン
邦訳　岡田　義夫

青春とは人生のある期間を言うのではなく、心の様相《ようそう》を言うのだ。優れた創造力、逞しき意志、炎ゆる情熱、怯懦《きょうだ》を却ける勇猛心、安易を振り捨てる冒険心、こう言う様相を青春と言うのだ。

年を重ねただけで人は老いない。理想を失うときに初めて老いが来る。歳月は皮膚のしわを増すが、情熱を失う時に精神はしぼむ。

苦悶や狐疑《こぎ》や、不安、恐怖、失望、こう言うものこそ恰《あたか》も長年月の如く人を老いさせ、精気ある魂をも芥《あくた》に帰せしめてしまう。年は七十であろうと、十六であろうと、その胸中に抱き得るものは何か。

曰く、驚異への愛慕心、空にきらめく星辰、その輝きにも似たる事物や思想に対する欽仰、事に処する剛毅な挑戦、小児の如く求めて止まぬ探求心、人生への歓喜と興味。

人は信念と共に若く　疑惑と共に老ゆる、
人は自信と共に若く　恐怖と共に老ゆる、
希望ある限り若く　失望と共に老い朽ちる。

大地より、神より、人より、美と喜悦、勇気と壮大、そして偉力の霊感を受ける限り、人の若さは失われない。

これらの霊感が絶え、悲嘆の白雪が人の心の奥までも蔽いつくし、皮肉の厚氷《あつごおり》がこれを堅くとざすに至れば、この時にこそ人は全く老いて、神の憐れみを乞うる他はなくなる。

志のチームづくり

先進諸国が抱える少子高齢化問題。中でも日本は、未曾有の超少子高齢化社会を迎えつつあります。それに伴い、地方の過疎化など、深刻な問題が連鎖しています。情報化社会は過疎化の中の問題のいくつかを解消する手段にもなり得ますが、もう一方では急激な情報化による問題も多く起きています。個人の価値観が尊重されることは大切ですが、いきすぎると人のことより自分のこと、自分以外には関心がないという風潮を生み出します。

どんなこともいきすぎれば弊害を生みます。どんなものも、使い方次第で益にも害にもなります。もう一方では、さまざまな問題の根は、深いところで互いにつながっているといえるのではないでしょうか。

広い視野を持ち、自分のビジネス活動がどんな影響を及ぼすのかを考えながら、信じる道を臆することなく進むことが重要です。

同じ志を持つ仲間と連携することが重要です。ひとりの力には限りがあり、多くの力が集まってこそ、社会を動かす力になる。それぞれが精一杯活動することで、自然に、知らないところでつながる場合も多く、結果的にひとつの力になっていたということがほとんどです。

そして、目的を意識してつながることができれば、より早く、より強く相乗効果を導き出すことができるのです。互いの得意分野を尊重する同志が携わり、それぞれを結びつける。経験を分かち合う。それがどんどん広がることで、必ずや大きなウェーブを巻き起こすことになるでしょう。

志はある。自分が立つ〝ここ〟で何かを始めたい。そういう人にこの仕組みをお伝えすることで、一歩踏み出すサポートから始まり、やがて大きなチームとなることを信じています。どんなことでも無駄にはならない。それが私の持論です。

個人の小さな経験談が役立つ人もいるはずです。とらわれない発想や活動の中に必ずヒントがある。私自身、何度もそれを目にしてきました。育ててくれた周囲の人々、ビジネスの現場から、さまざまな活動から、多くの気づきを得て、よりどころや歩む道を見つけ、それらは、これまでの人生の糧になってきたと感じるのです。

事業組織のすべての道は志からスタートし、同志チームとして事業を歩むことが大切です。

江戸時代に他藩から入り、上杉家の再建をしたことで有名な上杉鷹山公の言葉に「為せば成る　為さねば成らぬ　何事も　成らぬは人の為さぬなりけり」とあります。他国から入り混沌の中から一人ひとりの心に熱意の火を灯し、藩の改革を為し遂げたその史実の歩みは、現代の会社組織で中心になる人にも同じだと思うのです。

ビジネスの核は「食」

未来の地域創造。大層なことのように思えるかもしれませんが、いつでもどこでも必要なことです。それがなくては、先がありません。誰かがしてくれるものではないのです。

私たちの手で、そのために何をするか。私は食にこだわりました。食は命の育みの中で何にも優先するものだと思うからです。〝命の食〟をより楽しく、安心してつなぐことが大切です。食こそが人を育み、そして守るということなのです。

人、もの、土地、すべてを含む地域の宝を活かすことで、提供する側も、受け取る側も喜べる、笑顔になれる仕事を目指してきましたが、食の安心・安全は、何よりも重要なことなのです。加えて地産地消も当然ながら、地産加工して全国にファンを増やす努力も必要です。

誰もが日々、必要とする「食」ですから、子どもからお年寄りまで、すべての人に関わります。福祉支援にもつながりやすいテーマです。さらには、食を支える生産の部分で、農漁業との関わりなどで、地域再生や支援にもつながります。加工や流通を担えれば、雇用の創出という部分も大きく前進となります。安心・安全な食を届けるというテーマで、すべてがつながり、〝襷〟となるのです。

国が推し進める六次産業化においても、食がテーマになります。

『一次産業としての農林漁業と、二次産業としての製造業、三次産業としての小売業などの事業との総合的かつ一体的な推進を図り、地域資源を活用した新たな付加価値を生み出す』

それが農林水産省のウェブサイトにある、六次産業化の定義です。

２０１１年3月には「六次産業化・地産地消法」が施行されました。地域資源を活用する農林漁業者などの新事業の創出を促進するため、農林漁業者や関連組織の新事業創出の取り組みに関して支援を行うという法律です。

▶シェファムフェア
拓斗の森の表札

CFF Chefam Food Factory
www.cff-net.com

◀シェファムフード
ファクトリーのロゴ

補助金やファンドなどからの資金援助や、六次産業化プランナーの派遣なども行うとあります。ウェブサイトでは、ファンドを活用した事例なども紹介されています。農漁業の再生や、地産地消による地方再生、それに伴う雇用創出などに、国もそれだけ力を入れているということです。

しかしその陰で事業資金の打ち切りで頓挫する計画も多々あります。いわく三次産業頼みとなることも大で、なかなか安定成長しない事例も多いのです。私は福祉サービスを融合することで、食に関わるビジネスの地域における創造性が広がり、農業と加工販売と福祉を3本の柱とするその力は未来を満たしていくと確信するのです。

生き甲斐、やり甲斐、愉快、美味しい笑顔を多くの方々に

私が運営する『シェファムフードファクトリー』は、人に優しい強い企業を目指しています。「生き甲斐、やり甲斐、愉快、美味しい笑顔を多くの方々に」を掲げて活動しています。その目的達成のために、農業福祉法人と自称する『株式会社ライフサポートピュアジャパン』と、食を核とし

▶障がい者支援施設を融合した自社食品工場

た融合化事業の取り組みに対する支援法人である『一般社団法人アースファクトリー』があります。

都市田舎間の格差や少子高齢化、地球温暖化など、一足飛びには解決が難しい問題について、困難であっても、小さな取り組みから、あきらめることなく取り組んでいく。皆で手を取り合って100年の計をつなぐ今の我々の役務が〝襷〟として都市と田舎の格差是正を目指し、誰もが安心して暮らせるようにと力を合わせて歩むことなのです。

地球規模で見れば幼子のような小さな歩みでも、受けた命を大切にして、過疎の田舎に農業福祉複合の食品加工施設を増やし、地域農林魚業との連携策を図りつつ、中でも食を大切な柱として、農業と福祉と加工生産の複合化運営を目指す。小規模型の福祉複合のネットワークの輪をひとつ、またひとつと広げていくことで、より強固なチームづくりを目指し、強固なネットワークとすることに尽力する。それらをベースに、高齢者の生活支援、障がい者の就労支援、子どもたちの擁護育成支援をひとつとして進む。そしてそのあり方を広める。

それが私たちの創造するものです。その実現のための両輪である『株式会社ライフサポートピュアジャパン』『一般社団法人アースファクト

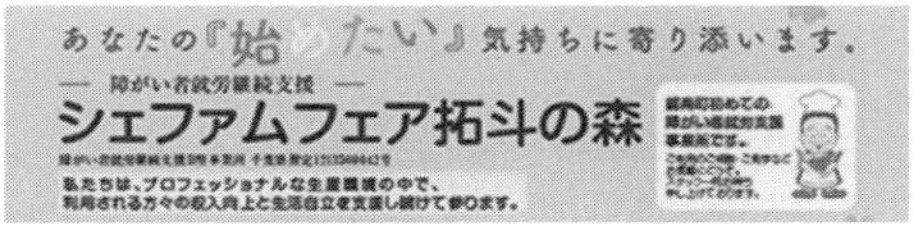

▶シェファムフェア拓斗の森「あなたの『始めたい』気持ちに寄り添います」の心で活動しています

リー』は、協力企業の皆様や地域の自治体関連施設などの皆様と共に、目的に向かって進んでいます。

まちづくり＋ものづくりの支援

『一般社団法人アースファクトリー』は、農業と食と福祉の複合化推進に向けての総合的なサポートを行っています。具体的には、農作物の利活用、食品の商品開発や販促活動の支援、地域活性化雇用促進策の支援などです。食品工場の経営応援、障がい者福祉事業所の設立支援、地域高齢者生活支援のためのネットワークづくりなど、地方の元気づくりを目指す人、優しいまちづくりを目指して活動する方々の応援団です。

また、ものづくりの応援活動にも注力しています。全国各地の地産素材を活かしたものづくりや、既存商品の改善、農作物、海産物の有効活用、レシピ開発から商品デザインパッケージまで、一貫したサポートが大きな評価を得ています。

収穫し、加工し、流通し、販売する。そのすべてを一貫して共に歩むサポーターは、実は貴重だと思うのです。それぞれの分野のエキスパートは数多くいますが、多岐に亘る分野に別々の指揮者がいることで、船が暗礁に乗り上げるようなことが起こりがちです。未経験のことを、専門家の意見を仰ぎながら一生懸命頑張ろうとするがゆえに立ちゆかなくなってしまう場合も多いのではないでしょうか。六次産業化の現場では、よく見るケースです。仮に補助金などでスタートしても、期間満了と共に閉鎖はよくあると。

そうならないために、食品流通の業界、新聞雑誌媒体の制作、これまでにさまざまな素材を活かす分野で培った経験と現場で一緒に歩んだ実績で、必要となるサポートをすべて提供したいと願って始めたことです。どんなサポートが必要かをまずは一緒に考える。その悩みに答える段階から共に歩みたいと思うのです。

南房総の地で実際に、自分たちの事業を見てもらえるモデルを確立しました。農業、食の加工、流通、販売。障がい者を含む雇用促進、そして我々の念願でもあった障がい者里親グループホーム（通勤寮）も、この地に間もなく開花する歩みです。

アースファクトリーの前身は、2002年に東京で株式会社として誕

▶道の駅 保田小学校の店舗に飾っている大漁旗

生しました。その名は、当時一緒に取材で全国を飛び回っていたパートナーが付けてくれたものです。たしか、鹿児島にお茶の取材で向かう車中でした。有名な美しい滝を眺めながら彼女が「〝全地球に優しく〟〝食を通したものづくり工房〟で〝アースファクトリー〟はどうですか?」と自慢げな笑顔でいってくれました。「いいね! とってもよい名だ。それにしようね」と答えたことは、今も鮮明なる記憶の中にあります。

国内各地の生産者の方と産品を取材し、いかにして販路の役に立つか一緒に努力していた頃です。その後、彼女は嫁ぎ、私はその道を極めるべくチャレンジの人生を続けてきたのですが、その素敵な名付け親に今も心から感謝しています。

また、他にも「私のこれから生まれる長男に付けようと思った名前もあげますね」といわれ「拓斗の森」が生まれたのです。あれから16年、福祉施設として確立できたのですが、長い道のりでした。開拓の〝拓〟に北斗七星の〝斗〟で拓斗、よい名です。この星座には病の母のために万病によいとされる神秘の泉に行く息子の逸話があるのですと聞かされました。

大切に育てていきたいと思っています。

▶シェファムフェアの看板

LSPJ
Life Support Pure Japan

◀㈱ライフサポートピュアジャパンのロゴ

農場＋食品工場＋施設の展開

私たちのビジネスの母体である『株式会社ライフサポートピュアジャパン』の事業は、シェファムフードファクトリーの総称で3本の柱からなります。

関連含め東京ドームほどの圃《ほ》場を有するシェファムファーム。ご当地の菜花や大根や人参、長ねぎなど、多くの野菜を栽培する担い手です。農園や障がい者の就労支援の現場であり、移住者受け入れの応援の場としての可能性も視野に入れて活動しています。

シェファムフェア〝拓斗の森〟は、福祉複合の食品加工の工場としての仕事を担います。これまで30年以上食品加工流通業界に居た経験から、全国に認められる商品の開発や食品加工の難しさは骨身にしみています。自治体やグループが六次産業化を行うためにはさまざまな課題がありますが、中でも難しいのが食品加工です。そのときどきの材料の糖分や水分の変動により変化するものも多いのです。漬け物、総菜などは広く行われていますが、冷凍食品やレトルト食品となると、そのハードルはとても高くなります。

上４枚：自社農場と無農薬・有機農法で育てている大根、ミニトマト
下４枚：自社工場で地元の安心安全な食材でつくる弁当

道の駅 保田小学校に出店した店舗でさんが焼き、東京ベイサーモンの押し寿司、トマトジャムなど自社製品を販売している

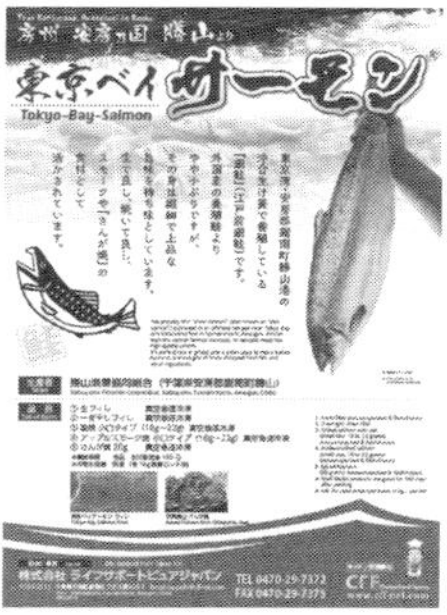

自社製品のチラシと商品ラベルやのれんのデザイン

加工のことは次の項で少し詳しく述べますのでひとまずおいて、もうひとつの柱、シェファムキッチンは「道の駅 保田小学校」内に店舗を有し、弁当、総菜、レトルト食品の販売を手がけています。

この3本柱で農業と加工販売、福祉を結び、障がい者の就労支援や高齢者の暮らしの支援をする。そして地域の子どもたちの食育支援の活動をし、より力ある食品を生み出すことで〝襷〟として次世代へ渡す取り組みを続けています。

福祉というのは、障がい者就労支援だけではありません。お弁当やレトルト食品を高齢者の自宅に届けることによって、高齢者の健康を見守る手伝いをすると同時に、孤独死などという悲惨な事態を防ぐ手立てにもなると考えています。

大手企業が福祉や介護に参入していますが、大型施設の運営などはともかく、宅配サービスなど、かゆいところに手が届くようなサービスとなるのはとても難しいのが現状です。特に田舎は大変です。高齢者の人口が多い都市部は、それなりにビジネスとして成り立つでしょう。

しかし人口の少ない街にわざわざ事業所をつくっても成り立ちません。超高齢化や過疎化にあえぐ地域のほとんどが、企業や施設の誘致を願っても叶わないのが現実です。複合化の仕組みこそが地方を救える事業なのです。

ボランティア活動も大切な応援です。しかし、それをずっと続けられるのであればいいかもしれませんが、ボランティアスタッフの資金で全国を網羅するのは残念ながら難しいでしょう。多くはスポンサー資金支援が不可欠です。

しかし、地場に根を張った企業が福祉融合の仕事を成り立たせる、または福祉運営側がプロの加工手法などを取り入れることにより地域を守る〝カタチ〟ができれば、強固なチームとなり得ます。地産地消策との融合が進むのであれば、より安全で、その旬に一番おいしい素材を使うことが可能になり、生産者との協力も深まります。お互いのネットワークを強くすることで、流通コストや生産コストをパワーある品につなぐことができるのです。

さらには、顔の見えるものづくりは当然のこと、注文者一人ひとりの好みに合わせてカスタマイズすることも可能でしょう。配送時にも障がい者の方々と動く。雇用支援とし、お届けの仕事だからといって急ぐのではなく、利用者さんとの対話を大切にする配送サービスもいいでしょう。

視点をちょっと変えたり、既存のやり方にとらわれない新しい発想を取り入れたりすれば、ビジネスの可能性はいくらでも広がります。その収益に加え未来に継続できる事業、福祉支援事業を融合することで、小規模でも価値あるビジネスを展開することが可能になります。

今後、我々シェファムフードファクトリーのような団体の活動は広がっていくものと思います。

食は「媒体」

これまでに携わった商品数は、１０００種類をはるかに超えています。弁当総菜とひとことでくくっても、その品目数は多岐に亘ります。

料理、加工製造の分野は本当に奥深いと思っています。「開発品をもっと売りたい！」「売れる商品をつくりたい！」と皆が思うことですが、大切なのは誰のために役立つ品となるか。それをついつい見落としてしまうことが多いです。

私は20代に料理人として業界の隅っこでデビューしたのですが、思い起こすと小学生の頃初めて食べた「不二家の苺のケーキにペスカトーレ」に惚れ込んでしまっていたのです。今思うと高級なレストランやフレンチのオーナーシェフのこだわり料理でもないのですが、北海道の田舎には当然そんなレストランは皆無。上京した小学校の頃に味わった不二家の初めてのおいしさが強烈な衝撃となって、気づかないうちに私の中に、料理への想いが根を張り、芽を出していたのかもしれません。

いくつもの現場を見る機会が多かったことはとても幸いでした。ほぼ独学での歩みなのですが、世にいう中華の達人などに師事した友人や、単身フランスへ渡りふたつ星のレストランで修行して起業した友人などに恵まれました。「このレシピ、お前にやるよ」と、よく一緒に酒を飲んでは、レシピを仕入れていたことを思い出します。友とのことがなければ今の私はなかったとも思います。

しかし、そうして料理の枠を極める歩みもいつしか疑問となり「より効率的に安心安全な食をつくれないか？」「もっと多くの人に食べてもらいたい！」という気持ちに変化していったのです。その道は冷蔵冷凍の食品分野に加え、レトルト食品の製造へと向かいました。なぜレトルト食品なのか？　ですが、冒頭の「誰のために」がその基点です。

くわしくは後述しますが、日本の老人ホーム経営のパイオニアである岩城祐子さんの依頼で秋田の食品メーカーの共同代表を務めたことがきっかけです。私が再建を引き受けた当初は、人参でつくったジャムのみ。とてもよい商品だったのですが、これだけでは発展性に乏しいと感じていたとき、岩城さんが「高齢者施設へ入れない自宅待機のお年寄りのお宅に、無料でいろいろな種類のレトルトおかずを配置して、食べた分だけお代金をもらうのってどう?」と私に投げかけたのです。

孤独死を減らしたいとの想いは私も同感でした。定期訪問することでいろいろと支援できる仕事もあるのではないかと考え、開発に着手しました。

しかし、手がけ始めるとこれが大変。一般の調理とはまったく異なるのです。レトルト機械の処理は高温高圧で滅菌することが基本です。常温保管で長期の賞味期限を確保できるのですが、野菜系などの固形物の加工をする場合は特に難しい。できあがったものがぐちゃぐちゃなどということは日常茶飯事でした。幾度もの試作失敗を重ねて、1年の後に100種類のメニューの完成に漕ぎ着けたのです。

カレーやパスタソースはもちろん、中華、洋食、日本食各分野の品揃えを整えられたことは、今でも当時のスタッフの努力の賜《たまもの》と心から感謝しています。レトルトには「F値」という処理基準があります。シンプルにいうと、圧力と温度と時間の値で滅菌処理ができる目安ですが、これは大切な基準です。

単に滅菌するだけならぐちゃぐちゃにすればよいのですが、固形食材の形状を残したうえで、それぞれの素材を活かしたおいしさとするためには、仕込みの前工程が重要なのです。極端な場合は、それぞれの食材を別々に前処理仕込みして合体させる流れになります。

たとえばふろふき大根などは、米のとぎ汁で茹でてから煮込むのが通常ですが、大根をカットして、いったん冷凍しておく。出汁は素材を入れて真空処理にし、レトルトの特性を活かして保存する。本番でその汁に大根を入れて真空処理し、最終レトルト調理をすることで、よりおいしく量産化するような工程です。

肉じゃがや麻婆豆腐となると、より組み合わせは大変です。

また、結果としてできる量とコスト面の生産性を考えるとこれまた大変です。しかし、中小事業者にとっては近年登場した優秀な小型機がよりチャレンジしやすい流れをつくりました。

現在はレトルトに加えて、真空適温調理として「素材を入れて真空した袋ごとスチーム調理」する手法も組み合わせ、より効果的な製造の流れとして歩んでいます。

たとえば、この手法で焼豚やローストビーフなどをつくる場合は、75℃〜85℃程度の低温で一定時間真空スチーム。その後、濃縮したタレに入れて同様の処理をするなどです。

タレづくりには、焼きと蒸気をコントロールし、よりよい状態で煮詰めたりすることも含めて行います。工程上は機械と袋のみの使用となり、そのまま急速冷凍やレトルト処理へと移行できますから、洗いものも当然最小限となります。さらに関連のコストも軽減可能な流れが見出せるのです。タレなども〝伝承のタレ〟として急速冷凍し、また追加して活かすことが可能です。

真空適温調理法と高温高圧のレトルト調理減菌処理を組み合わせた製造の流れは、まだまだ中小事業者には難しいといわれています。しかし、小規模施設でも十分に可能な時代が到来しているのです。

その三種の神器（真空機械・コンベクションオーブン・レトルト機械）を駆使していくと、より地域密着の小ロット製造の商品ができます。工程

▶三種の神器でレトルト食品製作の研究を続ける中塚総紀氏

を繰り返すことで一定の量産化も叶えられるのです。それに加え、ショックフリーザー（急速冷凍）によってよりよいレベルで品質を保つことが可能となります。

同様の機械があっても、その特性を活かして組み合わせた加工の流れとなっている施設は少ないのが現実かと思います。それぞれ安価な道具ではありませんが、それらを駆使した地域貢献が「必要な人たちへの商品づくり」で描けること、未来継承可能な経済性を生むことは間違いないと信じています。

現在取り組んでいる、食品加工の工場としてのコンパクトモデルの究極、三種の神器を駆使して生産すると、パン菓子・弁当総菜・冷凍食品・レトルト食品の生産可能売上は年間数億円です。建物は１０００万円程度、機器類で１５００万円程度。通常償却、建物15年で機器類は10年。月に17～18万円ほどの金額で賄えます。ちなみに土地は賃貸での活用です。某チェーンのラーメン屋より余程の展開が見込めるということです。これは、国内大手の福島工業とのジョイントで可能となります。食品加工工場の全国展開や各地の起業者の応援がしやすい仕組みとなっています。

◀現在取り扱んでいる食品加工工場としてコンパクトモデルの究極を実現した。三種の神器（真空機械／コンベクションオーブン／レトルト機械）を駆使している

ブランディング化で地域力をアピールする

私は、どんな地域にもその土地ならではの宝があると思っています。けれど、それがアピールできない。

それどころか、地元の人が宝だと認識していないことさえあります。最初から当たり前にあるものなので、気づきにくい場合があります。

日本マクドナルドやアップルコンピュータ他の社長を歴任し、プロ経営者と呼ばれた原田泳幸氏の言葉に「シンクグローバル、アクトローカル」があります。自分が居る場所の言葉や文化を知ったうえで世界を見れば、その違いに気づくことができる。そして互いの立場でものを考え、意思疎通することができるというような意味だと捉えています。世界規模で考えて、地元から行動する。その世界規模で考える礎となるものが、地元を知ることです。

最近では「シンクローカル、アクトローカル」「シンクローカル、アクトグローバル」などという言葉も使われているようですが、要は、自分がどこを目指すのか。そのためにどうありたいのか。私は地域から社会を変えていきたい。そのためには地域を深く知ることと同時に、広い視野で

作業室１兼店舗	30.16㎡（9.12坪）
相談室	4.77㎡（1.44㎡）
作業室２	9.94㎡（3.0坪）
作業室３	16.56㎡（5.0坪）
作業室４	26.49㎡（8.0坪）
トイレ	1.66㎡（0.5坪）
延べ床面積	89.58㎡（27坪）

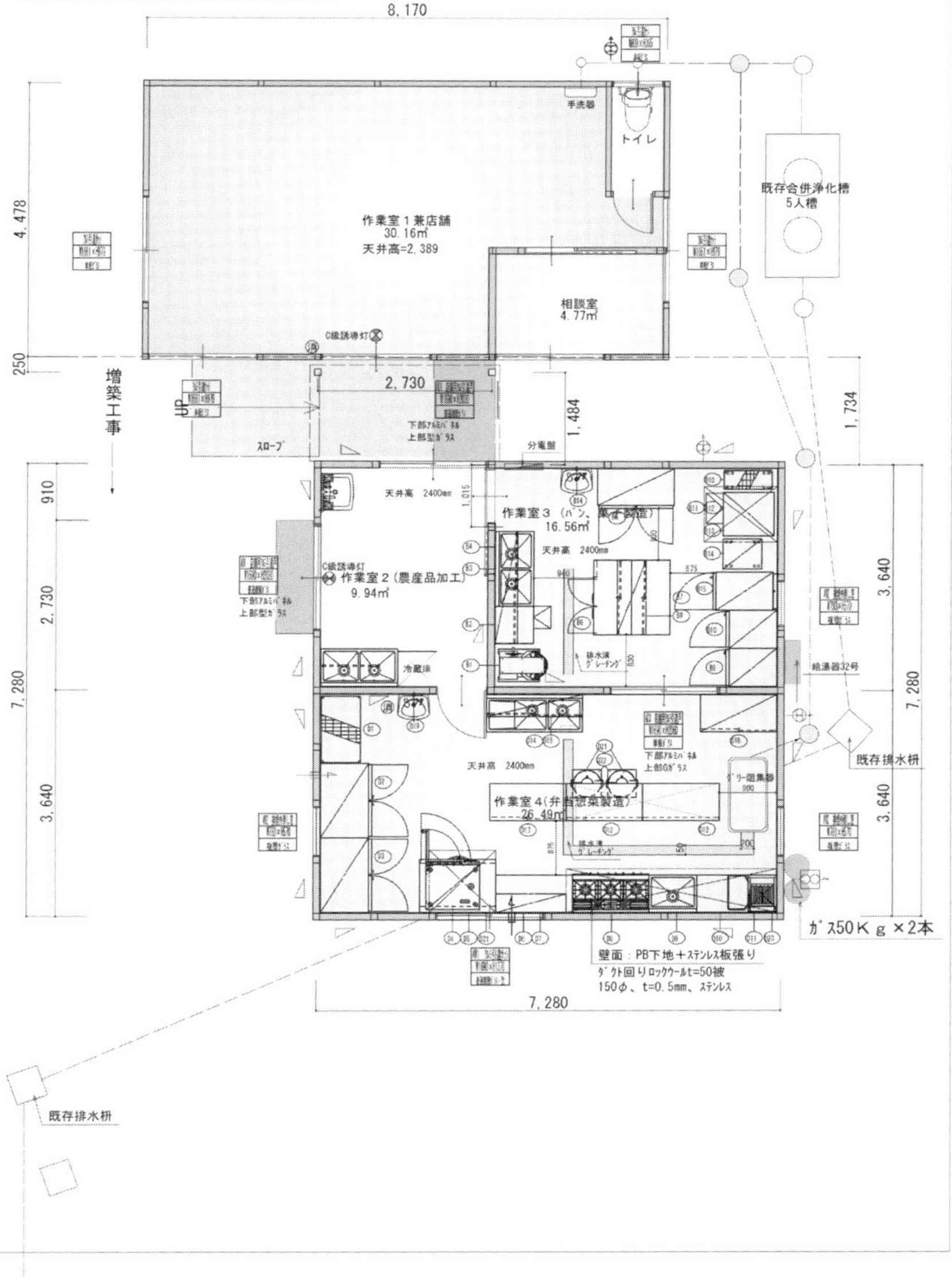

三種の神器　(左上:コンベクションオーブン、左中:真空機械、左下:レトルト機械)
右上:コンパクトにまとまっている厨房
右中:蒸気を出すコンベクションオーブンでハンバーグを焼く中塚氏
右下:作業のしやすい厨房

◀ブランド化した「東京ベイサーモン」のラベル

自分の生きる地域〝この大地〟を客観的に見ることも必要です。それを続けていれば、地域の宝はいくらでも掘り出すことができます。

たとえば、私が今立っている鋸南の地、ここでは地元の資産を活かす試みとして、勝山の港で養殖している「銀鮭」生産者と協力し、ブランド化した「東京ベイサーモン」を売り出しました。また、「勝山しま鯵」も商品化しています。これは、誰もが手軽に食べられて「こんなおいしいものが房総にあるの？」と喜ばれると同時に、地域の人々の誇りにもなります。育てる漁業の応援にもなりますね。

菜花のおひたしや房州長ひじきなども「かつやま揚げかま」として商品化しました。これも新たなブランドです。

レトルト品や冷凍、押し寿司などの生商品と真空急速冷凍品、さまざまな方法でバラエティ豊かに仕上げました。すでに道の駅、サービスエリア、大手ホテルやレストランなどに出荷しています。

私が南房総にきたときに、すでに人気商品であった青倉商店の「伏姫《ふせひめ》さんが焼」もそうです。この地で昔から食べられていた漁師料理の「さんが焼き」。地元でよく獲れるアジをたたきにして、生姜、ねぎ、大葉の３種の薬味（辛み＝さんがら）を入れて焼きます。

◀地元産の菜の花を使った「菜花のおひたし」のラベル

由来については、半農半漁が多かった土地柄から、漁師が農作業小屋である山家《さんが》で焼いたからなど諸説ありますが、とにかく南房総で愛されてきた郷土料理。伏姫は滝沢馬琴の人気小説「南総里見八犬伝」のヒロインです。

伏姫は地元、富山《とみさん》に籠《こも》って八房という犬と暮らしたとされています。

「伏姫さんが焼」は、日本の発酵文化の粋である味噌や醤油に出汁をきかせ、1枚1枚、丁寧に焼き上げています。化学調味料や添加物は一切使っていません。地元の素材と日本古来の食の知恵、そして逸話まで詰まった地元愛あふれる商品。この地の品として商標を取っていたことは、とてもよいことです。

今や地元だけでなく、日本中から求められています。

高速道路につながるハイウェイオアシス「道の駅 富楽里とみやま」や、廃校になった小学校をリユースしたことで全国的な話題になっている「道の駅 保田小学校」、そして東京湾に浮かぶ「うみほたるパーキングエリア」の人気商品のひとつ。シェファムキッチン安房勝山として新たに加えた「勝山さんが焼」と、姉妹品として販路協力の展開が進んでいます。

さらには、ディズニーランド周辺の大型リゾート系ホテルや都内、そして

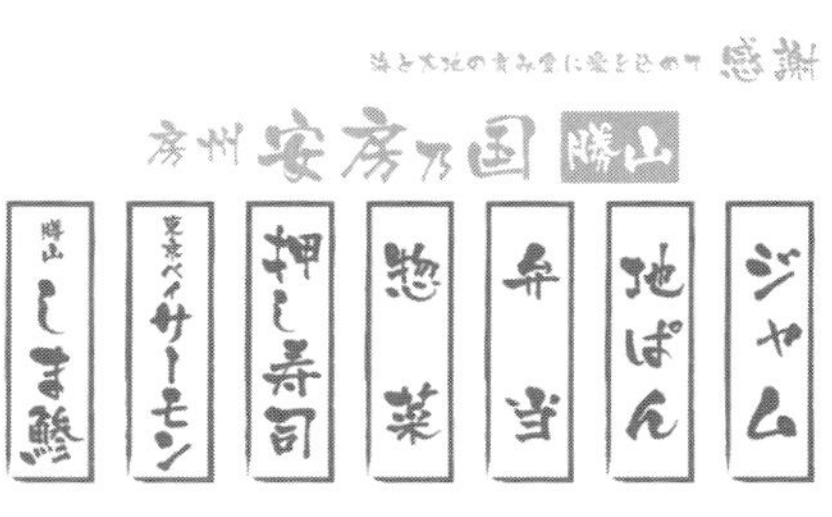

上：「房州安房乃国キッチン勝山」の主力商品「東京ベイサーモン」
「しま鯵」「ひじき煮」「さんが焼」
左下：千葉県産の青唐辛子を使った「青唐さんが味噌」
下右：主力商品のラインナップ

全国各地のホテルやレストランにも出荷しています。

地域でもともと食べられていたものをネーミングや製法でアピールしたり、当たり前にあった素材を新たに加工したりすることによって、地域の宝がさらに生き生きと輝き、世界へと羽ばたいていきます。

次世代への継承も重要なテーマ

地域活性化活動は、ときにブーム的な盛り上がりを見せることがあります。ご当地グルメとしてメディアで話題になったり、人気アニメやドラマの舞台になったりすると、全国から人が大挙することもあります。

地道に活動してきた自治体や地域の事業者は、俺の街もこれで安泰だと思ってしまうかもしれません。

けれどブームというものは長くは続きません。

次のブームが始まれば、前のものなど捨て置かれてしまいます。地域活性化には終わりはありません。その地域で、人はずっと生きていくのです。どこの地域であっても、いつまでも健全に運営され続けなければなりません。ブームという特殊な例に終わらない活動を地道に続けていくことが大切です。

地域活性化として、ビジネスを継承していくことが大きなテーマなのです。日々、がむしゃらに活動を続けていると、次世代のことなど遠く感じるかもしれません。けれど、継承はいきなりできるものではありません。常日頃から意識し、日常的に準備を続けることが大切です。

次世代、未来への間の継承を地力あるものにするには、各地での横の連携が欠かせません。

各分野、行政や行政施設、金融、農業、漁業などとの協力は大切なことです。そこから地域で起業を目指す人が立ち、各分野での発展の道を歩む姿、応援から協働へ縦、横、斜めのつながりが網のように広がって全国を包み込む。

そして次の世代に自信を持ってつなぐ仕事をする。そんな日がくることを私も心から願っています。

鋸南町の浜から臨む富士山

第2章

Local area Business

地域貢献の原点

極寒の地でも
心あたたかい絆で結ばれた
家族との日々

厳しく豊かな大地、北海道

1章では、現在の私のビジネスの根幹を羅列的に紹介しました。2章では、今の自分に至るまでの道のりを簡単にお伝えしたいと思います。ビジネスには直接関係ないと思われるかもしれませんが、私自身にとっては、ここまでのすべての人生が結実したものが現在の事業なのです。あなたの人生にも同じようなことがあり得たことも少なくないと思います。

農業生産と食品の加工製造に障がい者支援事業を組み込み、地域販路と高齢者世帯へのサービス支援を複合化すること。それは、極寒の地で生まれ、横浜東京で育った私の人生の歩みの中で、紆余曲折しつつも積んできた経験値が根底にあると最近つくづくと感じています。

しかしそれは誰にでも、どの業界の方にもあり得ることで「ここ＝地域」に立ち、受け継がれる事業を〝襷〟としてつくり上げることは、実は誰にでもできることなのだと思います。気づきと燃えるような志が地域を救うひとつの灯火となることと信じています。

最早、最終章となってきた私の人生の中でのチャレンジと、その超反省の現実を書かせていただきます。皆様ご自身の人生の中でも多かれ少なかれ紆余曲折やご苦労もあろうかと思います。歩まれた道に照らし「そうそう、私にもこんな大変なことがあった!!」とか「そうだこんな道もあるんだ!!」「同じようなミスジャッジもあるかな～」などと思い起こし、参考にしてもらえたら幸いです。

原点は生まれ故郷と我が家族

１９５９年、伊勢湾台風が日本を縦断し大きな被害を及ぼした頃に、私は北海道・羽幌《はぼろ》の地で４人兄弟の長男として生まれました。羽幌は北海道北部の日本海側に位置し、山と海に囲まれた町です。夏はとても短く、海で泳げるのは１週間ほどだった気がします。冬は極寒の地。市内の国道沿いのところで家は小さな印刷所を営んでいました。当時は本当に雪が多かったと思います。

冬になると１階は雪に埋もれ真っ暗になるのです。毎朝玄関の雪をかき上げるのが日課でした。けれど、その厳しさを補ってあまりある島や原生林といった美しい大自然がありました。海産物、農産物、綿羊の畜産など、地域資源は豊かでした。

昭和40年頃、家族で営んでいた小さな印刷所がつぶれ、一家は少し離れた古丹別《こたんべつ》へ引っ越しました。もとは原生林の広がる開拓の地であり、更に山に入った三毛別《さんけべつ》はクマ襲撃事件で集落の人々が命を落としたことで有名になったところです。すきま風、板かべの粗末な三軒長屋住まいで、朝、目が覚めると枕の横に、木製の窓の隙間から入った粉吹雪の小山ができるほどでした。

いつも夜は兄弟4人がくっついて寝ていました。私の家は裕福ではなかったものの、ときどきですが、父のこぐ自転車に3人乗りして釣りに行ったり、忙しかった父と月夜の海で丸太につかまって泳いだりと、楽しい思い出もたくさんあります。

私の下に弟、そこからちょっと離れた双子の弟と妹がいました。みんなから「おんちゃん」と呼ばれて、何かと頼りにされていました。ただし、下の子たちが悪いことをしても、長男である私がいつも叱られていましたね。それが父の中での、子育てに対する取り決めだったのでしょう。

冬になるとリヤカーに油の空き一斗缶と兄弟3人を乗せて、父と母が働く製材工場にストーブの燃料となるおがくずをもらいに行ったものです。1キロメートルほどあったでしょうか。子どもの頃から身体が大きかったこともあり、いつも手伝いをしていました。弟と妹たちは必ず私のそばについて離れませんでした。

妹はいつも「おんちゃんだっこ！」とか「おんちゃんオシッコ！」という調子で、ずいぶんと面倒を見ていた気がします。ある日、いつものように見張り番として便所へ一緒に行ったときのこと。私の発する「助けて～」の言葉に母が飛んできました。当時の便所は〝昔ながらのぼっちゃんトイレ〟で、それもとても深いのです。私は手しか見えていない妹の両手首を握り、顔を真っ赤にして穴に股がり踏ん張っていたらしいのです。妹はまみれることなく無事助かったのですが、今思っても苦笑いです。

父はとても妹を可愛がっていました。大きくなっても帰りの遅い妹に「まだか、まだか？」と心配ばかりしていました。そのいきすぎか一時は妹に嫌われてしまい、なんだかんだとその仲の取りなしに大変だったことを思い出します。私の子どもは娘ばかりですが、その点は活かされているのかもしれません。これまた苦笑いですが……。

家族が助け合い、力を合わせて暮らさなければならない状況でした。それは我が家だけでなく、どこの家でも、家族が力を合わせて生きていくこと、日々の暮らしを分担して紡いでいることが当たり前でした。

そんな毎日は、大変でしたが、生きる実感と喜びに満ちていた気がします。家族の愛、互いへの思いやりの中で毎日が過ぎていく。私を生み育ててくれた母と、厳しくも深い愛情でいつも見守ってくれた父へ、そして私をここへ導いてくれた家族への愛と感謝の想いがずっと心の中にあります。

育む想いにあふれる地域社会が人を、国の未来を元気にする

父は高校時代に柔道を極め、学業は常にトップクラスでした。大らかであたたかな人でしたが、悪いことをすれば厳しく叱られもしました。1年に1度くらい、ひどく叱られるようないたずらをしていたかもしれません。真冬でも薄暗い納屋に放り込まれました。今思うと私は泣いたことはなかったように思います。父似なのか頑固なところもあったようです。よく母が泣きながらとりなしてくれたものです。

それもすべて愛あればこそ。私たち、子どものためを思えばこそだったのでしょう。暮らしは楽ではなくても、家族が仲よく、家庭内には信頼と愛が満ちていました。

私の原点は、あの田舎の町で生まれ、この家族と共に育ったことです。それが、どんなときでもくじけず希望を失わない、あきらめない今の自分を支え続ける力になっていることを感じます。

また、地域社会のあたたかさや包容力にも感謝しています。今とは違い、共同体としての機能がどこにでもある時代でした。特に、自然環境の厳しい地方の村々では、隣近所も助け合って生きていました。子どもたちは当家の子どもであると同時に、町の子どもとして育てられました。

私の育ったところは、町の中で〝天理教町〟と呼ばれた一郭でした。天理教は今年で181年となる日本の新興宗教の古参で、江戸時代に農家の主婦に神が降り、教祖家の中山氏が活動を広めてきた団体です。日本では宗教の自由としてその後も多くの団体が生まれましたが、私の生まれた〝お道〟は政治活動よりも教育と福祉をベースにしてきたように思いますし、その道の人の中からはいくつかの有名企業を経営する方も出ています。

母はよく語っていましたが、「パパはよく、人の家の子の青っぱなを口ですすって取ってあげてたんだよね」「みんなに好かれてたのかな〜と思うことがいっぱいでね」と亡くなってから聞くこともしばしばです。思い出なのでしょうね。

我が家のこの〝お道〟は祖母から始まりました。祖母の実の姉が羽幌分教会の四代目教会長さんへ嫁ぎ、当地は天理の教会を中心に、支え合いの暮らしが成り立っていたような気がします。その父は佐藤蔵吉氏で、羽幌分教会の初代北村家と共に北海道有数の教えを広めた人です。私はこの道の末席中の末席的活動程度で毎朝の礼を尽くすくらいですが、心の中にはしっかりと根づいています。

宗教論議に入る気持ちはまったくないのですが、神仏どのような道でも敬い感謝するということはとても大切なことです。私は辛苦のたびに〝これは私の不徳、天に与えられた試練。努力しよう、きっと乗り越えられる〟と思うことや、善なる経済をもって福祉に尽くすことを教えてくれた気がしています。

地域社会を大事に、共同体としての機能を守り、社会と呼応しながら暮らせる環境づくり。この時代に、私がそれを再構築したいと願っているのは、自分の育った環境と経験が根づいているからです。地方を元気にすることが、国を、未来を活性化し、豊かにする力になると信じています。全国各地の教会の方々とのネットワークが広がることも心から願っているのです。

私の家は祖父が本家での出生であったのですが、分家と申しましょうか、飛び出たとでも申しましょうか、祖父はそうとうにやんちゃな人生を歩んだ男でした。未だに、祖父と祖母が結ばれたのは何故？　と思うくらい不思議な夫婦でした。率直に申しますと孫の私からは愉快に見えていました。

祖母の父の代から天理の道にありましたので、全国各地へ仕事に行っても時間があれば当地の教会にて参拝させていただく癖はいつから付いたのか？　とも思いますが、ともあれそのときほとんどの場合、教会長様や奥様とお話しする機会となり、その時代の進む道やら活動のことやら夢やら話していたのは、きっと何かを求めていたのかも知れませんね。

とてもよいご縁を頂きましたし、さまざまな活動に協力もしてもらいました。

中でも津田沼分教会の市角様には音楽活動を通して応援していただき

ました。秋田での折でも、直営していたレストランでサックスの生演奏で集う方々との交流をするなどと、楽しい思い出もたくさんあります。上の娘達は楽器演奏を習いに教会へ行っていたものです。本当にお世話になりました。

尊敬する父の教え

父から教えられたことは、たくさんあります。この家に生まれた以上、私の核は父母や兄弟につくられました。自我が芽生えた頃には、自分なりの生き方をいろいろ考えたこともありました。しかし、我が家は兄弟すべてが父母を尊敬し、結果的に、今もその教えのもとに生きています。口であれこれいわれたというよりは、その生き方で、背中で私たちを導いてくれた両親でした。本当にいつも頑張っていました。

中でも、もっとも基本となるのは感謝とお詫びです。そして人を動かすためには、まず自分でやってみなければならないということ。当たり前のことですが、生まれたての赤ん坊が人間になるのは、人間としての振る舞いを周囲から教えられるからです。挨拶や、人をおもんばかり、いたわる気持ち、感謝すること、約束を守ること。そういった人として当たり前のことが「当たり前」といえる、実行できることに対して、皆が親に、育ててくれた人に感謝しなければなりません。

私が生まれた頃、父は新聞記者の仕事をしていました。後につぶれてしまったのですが、小さな町に夫婦で印刷所を始めていました。母も父も本当によく働いていました。母の妹も手伝ってくれて、何とか続けているようなところだったと今は思えます。親類も皆、仲がよかったという記憶しかありません。夏休みなどはすぐ下の弟と一緒にずっと祖母のところに預けられていました。祖母にいろいろなことを教えてもらいました。

私たちを育てるため、いろいろな商いにチャレンジした父でした。もちろん利益を追求しなければならなかったでしょうし、自分だけの問題ではなく、関わった人々のためにも、業績を上げるべく、努力していたことは幼い私たちにもわかりました。

そんな責任を負い、果たしながらも、父の生き方は常に人間愛に満ちていました。真面目に一生懸命に仕事をしていました。勉強好きだった父は、本当は商いの道よりも、政治家や研究家、小説家というような、人に何かを伝える仕事を追い求めていたのかもしれません。

書きかけの小説まがいの手書きの原稿用紙が、父の遺品箱から出てきたということもあります。常に多忙で走り回っていた日々に、ふと、憧れの世界に心を遊ばせることがあったのかもしれません。そのような定めの中でも、懸命に生きる姿を見せてくれたのです。

社会への矛盾に気づき始める

父が失敗したり新しいことに挑戦したりするたびに、私たち一家は引越しをしました。

最初は小学校1年生でした。3年生で内地の横浜へ。生まれた土地は札幌から北へ200キロメートル余り、今はJRも廃線となった田舎だったのですが、家業の印刷所が倒産してから転居は続きます。

横浜、東京、仙台……何度も引越しを繰り返している家でした。全校生徒160人の小学校から10倍近い生徒数の学校への転校や、言葉の違い、そして大都会……カルチャーショックでしたね。全部で24～25カ所に住んだでしょうか。何歳のときにどこに住んでいたか。自分でもわからなくなるくらいです。それでも家族と一緒であれば、心配も不安もなかったような気がします。

ただ、自分は愛に包まれて育ったものの、成長するにしたがって恵まれない環境にいる人々の存在に少しずつ気づきはじめます。何も悪いことをしていないのに、病気や障害に苦しむ人。厳しい家庭環境に置かれている人。私の家も相当に貧乏でしたが、そういった人々が存在することに心を痛めていました。

保身のために平気で嘘をつく人間。人をだまして自分だけがいい思いをしようする人間。それまで周囲にはいなかったタイプの人とも出会いました。どうしてよい人間と悪い人間がいるのか。どうして、何もかも手の内に握りしめたような環境で生まれてくる人がいれば、生まれつき困難な環境の人がいるのか。

世の中は公平ではない。不公平なものだと考えて、やるせなさに心が混迷の道に落ちたことは数えきれないほどありました。けれどそれはどうしようもない事実。自分にできるのは、どんな環境であっても、自分自身で選択し、自分の力で生きていけるようにすること。環境のせい、人のせいにしていても、今よりよくなることはない。むしろ底なし沼のように、抜け出せなくなるだけ。それが、自分の努力次第で変えられるかもしれないのだから、前を向いて生きることが大切なのです。

転居を繰り返し、幼馴染や小中学校のクラスメートになじみが深くない私は、人生は出会いと別れの繰り返しだと悟りました。だからこそ、出会いを大切にしなければならない。すべての出会いは〝必然〟で、すべては出会いから始まるという想いに至りました。

24歳のとき、私の心に突き刺さる大きな出来事がありました。あの日、私の人生という道に羅針盤が備わったのかもしれません。父の仕事を手伝い始めて間もなくの頃、16歳の男子が入社してきたのです。彼は山梨にある児童養護施設「葛葉学園」の出身でした。

私は彼を伴ってその施設に宝石を売りに行ったのです。今思うとなんという愚かなことをしたのかと穴に入りたいくらいなのですが、そこで起きたことが私の人生を変えたのです。

園長の鈴木さんは「本来はお泊めすることはないのですが、あの彼が立派になり訪れてくれたのですからね」とおっしゃり、ふたり分の布団を大部屋に敷いてくれたのです。

夕食どきもお風呂でも、小さな子どもたちは「お兄ちゃん、遊んで〜」と大はしゃぎ。結局私たちが布団に入っても、子どもたちが入れ替わり立ち替わりもぐり込んでくるので寝られない。そんな楽しい一夜になったのです。

頭のどこかで弟妹と一緒に寝た北海道を思い、この子たちの人生、これから先の苦難を思うと、いつしかはしゃぎ笑顔の私も涙でぐちゃぐちゃになっていたのです。

宝石は小さなものでしたが、彼の担当だった若い女性の先生がひとつ買ってくれました。けれど私の中には申し訳ない懺悔感が消えず、今も心残りのひとつとしてこの胸に刻み込まれています。

「施設の経営は大変なのです。私は父から継いだ2代目ですが、父は私財を投じて始めました。今も運営費集めに日々奔走です。国の支援も他の福祉支援が優先で後回しの状況で、私たちが頑張らなければこの子たちはどうなるのか。だれかが守らなければならないことです。私はこの家に生まれたのですから、天命と思い努力する毎日なのですよ」。鈴木園長は笑顔で話してくれました。

このとき、私の心の中に稲妻が走り、全身に鳥肌が立ったのです。家に帰り「こんな施設をつくるんだ！」と絵を描いて壁に掲げたことを思い出します。

後で聞いたのですが、出身の彼は相当にやんちゃだったらしく、この施設よりも管理の厳しい施設にもいたとのこと。彼は真面目に頑張っていたのですが、あまりよくない仲間との関わりもあり、たびたび仲裁に入った記憶が残っています。その後は道が分かれてしまいましたが、彼の幸せを祈ってやまぬ毎日です。

子どもは世の宝といいますが、こんな不遇な子どもたちがいることすら知らないでいた私には、とてつもなくショックな出来事でした。この日から仕事から事業へ、そして彼ら彼女たちを守り育てられる仕組みづくりへと、その道を極める挑戦が始まったのだと思っています。

紆余曲折、私は今この大地で〝ここ〟に立って仲間と共に歩めていることは、信念の証であるように思います。同じように、皆さんの人生の中にも多くの出会いがあり、自分のやりたいこと、すべきことと重ね合わせてみると、志の道がそこにあるのではないでしょうか。

衝撃的な持ち逃げ事件

子どもの頃には、画家になりたいと思ったこともありました。絵を描くのが好きだった一方、人と話すことが、実はあまり得意ではなかったのです。国立の工業高等専門学校に在学中は、学費のためにアルバイト漬けでした。父を喜ばせたい一心で入学したのですが……。そもそも工業の道はどうも向いていなかったようです。夏休みには農場の手伝いや飲食店で働きながら、いろいろなところを旅して回りました。

ここでも出会いが私のその後を決めてくれたように感じます。後に農業生産者と交流する機会を経て、食と農の道を目指し、料理人としての第一歩を踏み出すことになるのです。不二家での仕事をスタートに、生協や、大手流通センターの管理など、一貫して食品の商品開発と流通システムの分野に携わるのですが、当時は人生模索中でした。

父の仕事を弟たちと共に手伝い、呉服と宝石の販売をしていたあるとき、やる気を見せていた若手社員に宝石を預けたところ、大量に持ち逃げされてしまったのです。当時で1000万円相当はあったと思います。

この事件は、大変な痛手となりました。仕入れ先にはお金を払わなくてはなりません。当然、簡単に払えるお金ではありません。私が犯した失態といってよいのです。しかし父は一切、私を責めることはありませんでした。

学生時代の友人にもだまされ、信じて持たせた見本の品々を売り飛ばされて、我が家はどん底に落ちたのです。父は借金を抱えて店を閉めることになり、落胆の中、整理は弁護士に任せることに。私がそうしてしまった。お金も大変だったと思います。なによりも信じた人間に裏切られたショックが私を苦しめました。人を疑いたくない。でもなぜこんなことが続くのか。信じる者がバカというが、なぜ見抜けなかったのか。何度も自問自答する私に対し、父はひとことも苦言を呈しませんでした。

一家は、叔父を頼って北海道に帰ることにしました。その頃の我が家は、両親、私と妻と娘2人、次男夫婦、三男夫婦にも子どもという大家族。引越しするだけでも大変な騒ぎです。ましてや選択の余地などいっさいなく、とにかく居場所を見つけなければなりません。

私は妻に一緒に行く旨の話をしたのですが、彼女は行かないという決心だったのです。仕事もない。一家全員が大変で、まるで夜逃げ同然ですから当然のことであったかと思います。

そのときの私にはなす術がありませんでした。

その後、離婚。2人の娘は間もなく再婚したよい義父に守られ、新たな姉妹と一緒に幸せな成長をしたと、私の実弟の妻からときどき聞かされていました。不徳の父として関わることを禁じて生きてきました。もちろん、ずっと忘れたことなどありません。

今まで人に打ち明けたことはありませんでしたが、今も私の鞄の中には、幼き頃のあの娘たちが描いた絵があります。この傷は生涯癒えることはないのです。しかし、その後の人生において授かった娘たちを育てる想いにつながっているのかもしれませんね。そして今も、すべての娘たちをこの命の限りに愛しています。

そうして北海道を目指すはずだった一家ですが、帰る途中の仙台で、私の知人の応援で手持ちの宝石をお金に変え、部屋を借りてやり直すことにしたのです。まるで難民生活のように肩を寄せ合って暮らしました。

その後、下の弟は印刷業をしていた両親の背中を見ていたからなのか、大手印刷会社に勤めました。そうやって、ひとり、またひとりと巣立っていったのです。自然な形でそれぞれが独立を果たしたということかもしれません。

人から嫌がらせを受けたり、人からだまされたりしても、人を恨まない。憎まない。すべては自分で選んだこと。自身の不足なのです。反省はするけれど反復はしないという思い。感謝すべき人たちとのつながりを胸に抱いて生きていく。そうやって私は自分というものを守ってきたのかもしれません。本当に話すことがとても苦手な子どもだったのです。

強がりといわれるかもしれませんが、私はそうやって生きてきました。何からも逃げ隠れすることなく、ときにいいたいことをいい、すべきことをする。人をだましたりしない。人生の経験を重ねるうえで大切な〝心〟を養うために歩んできたのかもしれません。

出会い教えてくれた人々に心から感謝しています。人を憎まない、恨まない。すべての結果は自分自身なのです。感謝し学び、そして正す道が人生と、希望をプランに、プランを実行して生き抜くカタチに。そうやって、これからも信頼できる大切な人々と共に、それぞれの希望の道を歩いて、夢のプランを実行していかねばならないと誓っています。

北海道・北の大地富良野

第3章

Local area Business

苦難の連続でも
決して希望を失わない
その中からチャンスを見出す

▶３人の娘たち

再起、そして起業

仙台で勤め人として一生懸命働きました。朝から深夜まで働き詰めの毎日でした。当時の手取りはたしか、12~13万円ほどでしたね。毎日手弁当で1日1本の缶ジュース代だけ使える状況でした。ときどき飲む缶ビールも、父と半分ずつ分け合うような大変な時代でしたが、皆が前を向いて頑張っていました。

「石の上にも三年」と祖母にいい聞かされていた年月が過ぎ、勤め人として28歳のとき、部下は１００人くらいになっていました。その間に小さな家も建て、再婚した妻との間に授かった3人の娘たちも成長していきました。心残りは忙しすぎて、特に下の娘たちと過ごす時間がなくなってしまったことで、今も申し訳なく思っています。それでも出張の予定にくっつけては、家族でいろいろなところに行った記憶もあります。伊豆の温泉に泊まったとき、3人娘は敷いた布団の上で枕投げを始めて大はしゃぎ。2度も宿の人から怒られ私はペコペコ謝っていましたが、懐かしい思い出のひとつです。

その後、独立して食品流通販売の会社を起こし、5年後には年商17億ほどに。この地でふたつ目の家を建てました。父は母の喜ぶ顔を見て「財産なんて人を苦しめるものだから必要ないんだが、まぁ仕方ないか（笑）」などといっていました。

全家族で夏は海に川に行き、秋は山でバーベキューやご当地のいも煮会に行くなど同じ時間を過ごしました。それも父という大黒柱があればこそだったのでしょう。このときが、自分が所帯をもった家族と一番落ち着いて過ごした時期だったかもしれません。

苦労をかけてきた家族に報えたような気がして、ほっと一息つく日々でもありました。仕事は多忙を極めたものの経済的に安定し、このままうまくいってほしいと、今思えば無意識のうちに祈っていたような時代でした。

父が遺したもの

そんなときです。父の癌が発覚したのは。私は40歳。会社の年商は右肩上がりで、父はときどき経理を手伝ってくれていましたが、あるとき

「お前もよくやったな」と声をかけてくれたことは忘れられません。一人前になってから父からもらった、初めての褒め言葉でした。豊富な経験から、いつも的を射たアドバイスを、横並びで食事をする私に、テレビを見ながらブツブツとつぶやく父でした。

その父が肺癌で手術をすることに。片方の肺を摘出し、癌の治療としては成功だと説明を受けました。けれど術後に急変し、呼吸も食事もできない体になってしまったのです。私はある種の医療事故だと認識しています。

ベッドの上で、しゃべることも食べることもできず、点滴につながれたまま薬で眠らされて、横たわったままなのです。それが半年ほど続きました。母は毎日、朝から晩までそばについていました。互いに60歳を過ぎても、お風呂に一緒に入るほど仲のよい夫婦でした。今思うと湯の中の水入らずだったのでしょうね。

私は忙しいこともありましたが、その現実を認めたくないような気持ちだったのです。ほとんど見舞いにも行かずじまいでした。体は動かなくても意識はあります。母に幾度も頼まれたある日の見舞いでのこと。「こちらの言葉は聞こえているから話しかけてあげて」といわれ、ベッドの横にすわり、管だらけの父の顔を見つめていました。

どの位のときが流れていたのでしょう。私は想いをぐっとこらえて「大丈夫、治るから」と声をかけたのです。

父はすべてをわかっていたのでしょう。顔をかすかに横に振り、その瞼から流れたひと筋の涙は一生忘れられません。次にかける言葉が見つからないのです。私にも無念の涙が流れ、おさえられません。

私は、詰まる声を振り絞り「俺ちゃんと守るから頑張るから」と話すと父は小さく頷いたような気がしました。母の悲痛な祈りも、私がこの状況で素直に受け入れられない気持ちも。そして自分がもう2度と家に帰れないことも父は悟っていたのです。私が父の涙を見たのは、後にも先にもこの1度きりです。大好きだった父にもっともっと話してあげればよかった、そう後悔しています。

半年ほどで癌は全身に転移し、父が亡くなったとき、人間とはこんなに落ち込むことがあるのかというくらい落ち込みました。もっとひどいのは母でした。私の娘である孫たちの世話はなんとかするものの、毎晩、廊下の隅ですすり泣いていました。私は1年ほど亡霊のように仕事はしていたのですが、ほとんど記憶がないのです。

途方に暮れるほど落ち込んだ私が救われたのは、父の遺品整理をしていたときです。生まれたときからずっと愛情を注がれ、厳しくも優しかった父。家族だけではなく、周囲の人々にも惜しみなく愛を与えた父。成功したことも、失敗したこともあったけれど、常に家族と共にあり、家族を守り、どんなときでも家族のよりどころでした。

そんな父の息子として生まれたこと。私の会社がまだ健全なときに見送れたこと。今思えば、本当によかったと思います。父の葬儀では自宅の前から表通りまで、2キロメートルくらいの道にびっしりと花輪が並びました。父の人徳を物語っている様子でした。とてつもない悲しみの中で、同時に父への感謝と、盛大な見送りができたことの安堵が交錯していました。

そのときも、土地の天理の教会長さんたちが集まってくれて、雅楽で送っていただいたのです。本当に感謝しています。私の祖母もすぐそばに居るような気がする一瞬でした。

現在パーキンソン病と闘っている母は、当時、手足の震えに悩んでいました。ときどき父が呼ぶ声が聞こえたといいます。「おいで、おいで」というのだとか。父の死以来、母は死ぬことばかり考えていたといいます。

しかし、今は一日でも楽しく長生きしたいといいます。その感覚は、私もわかるような気がします。

亡き父が呼んでいたという母の気持ちもわかりますが、それは父の本意ではないと思います。病と闘っている母に、私は父の分まで長生きしてほしいと願っています。父も、孫と共に暮らす母の幸せな日々が長く続くことを願い、我ら家族みんなを見守ってくれていることでしょう。

この父母のもとに生まれたことを感謝しない日はありません。成長してからは、父とは特に話すこともありませんでしたが、夕暮れどき、帰宅してくつろぐ父の背中が、私たちに人間のあり方を教えてくれていたことを感じます。黙っていても、互いにわかり合えていた。そうしてときたま、リビングで食後にぽつりぽつりと日々のことを話す父の話を、聞くともなく聞いていたこと。そんな家族の姿を眺めながら、いつでもあれこれと家事や手仕事をしていた母。そんな家族の風景が、私の胸には消えることなく焼きついています。

父と母がケンカをすると、いつも母は3～4日でも父と口をきかない対抗策⁉ に出ます。しびれを切らすと父はキッチンに立って洗いものを始めるのです。「もう許せよ」の信号を受け取った母は、いつもの笑顔に戻るのです。母は強しですね。

そして、遺品から見つけた書きかけの小説原稿が、私を次の道といいますか、本来の道へ誘うことになるのです。家族3世代、互いに敬い合い補い合い生きていくのが人の営みの原点であることを心に刻み、人々が手を携えて共に暮らすという福祉支援を目指す源にもなっているのです。

目指した道と現実のギャップ

父の死の混乱から完全に抜け出せない時期でした。あれほど急成長を見せ、順調だった会社の業績に、少しずつ陰りが見え始めます。今思えば、少しずついろいろな問題が浮上していたにも関わらず、そのまま走り続けてしまったような気がします。

当時の事業は本当に急成長しすぎました。社員も増えます。給料を支払うために、これまでは断っていたような仕事も受けなくてはならなくなります。本質を見失った負のスパイラルともいえます。

どんな経営者でも同じなのですが、社員に給料を滞りなく支払う。これはものすごいプレッシャーです。しかもひとりやふたりではありません。そして社員には家族がいます。私が給料を払えなかったら、社員とその家族を路頭に迷わすことになる。

経営をする以上、黒字成長は当然のことであり、覚悟をしっかりして苦難も乗り越えていかなければなりません。

経営をするのですから、夢も理想もあります。けれど現実には家族や社員を養わなければなりません。自分の会社で日本の食の流通システムに新風をもたらしたい。雇用にも貢献したい。流通合理化による作業環境負荷をできるだけ減らしたい。

それは理想論かもしれませんが、私は真っ直ぐに努力しました。しかしそれは叶いませんでした。私も若く、今思えば人の言葉を真摯に受け入れられない〝未熟の塊〟だったと思います。

受取手形の不渡り、2度目のどん底

北海道から福岡まで、24時間365日の流通網を運営する販売流通の会社でした。従業員に給料を払うことも大変でしたが、何より大変なのは、寝る時間がないことです。人も納品の車両も常に何台も動いているので、どこかでトラブルが起きれば連絡が入ります。

丁度、クロネコヤマトが、宅配便で急成長した頃でした。前述のように順調に業績は伸びていましたが、その頃、仲間の取引先を応援するために手形での支払いに応じることになりました。本来なら現金取引が基本ですが、経営の苦しい取引先を助ける意味で、共同3社で合意して手形取引へと変更したのです。

半年後、手形の現金化ができず、5000万円が不渡りとなります。なんとか立て直そうと1年間死に物狂いで頑張りましたが、決心の時期がやってきます。主力株主の会社へ事業を渡し、会社倒産の手続きへと移行するのです。私の人生の2度目のどん底でした。

事業は始めるよりも閉めることが大変だと、よくいわれます。確かに、閉めることはとても難しいものです。未来に向かうものではなくても、自分の不始末ですからとても大切な仕事なのです。そして、ここで自分の失敗の原因を振り返り、分析し、今後同じ失敗をしないように反省し、対策する必要があります。分析と対策ができれば貴重な事例であり経験です。そのときに人の本心や本質が見えることもあります。

このときはすべてを清算するのに3年の月日を必要としたのです。死んでしまいたいほど大変だ、プレッシャーに押しつぶされそうだと思っても、人生は続いていきます。生まれた瞬間から永遠に目を閉じるそのときまで、人は生き続けなければなりません。だからどんなに辛いことでも、自分の責任は可能な限りすべてを全力で果たすべきです。自分さえ失わなければ、諦めなければまた必ずよい日がやってくると私は信じています。

このときは同じ会社の中で妻が生花店を経営していました。これは長年の彼女の夢でした。花とお菓子を売る店で、近所の子どもたちからも愛されていました。しかしこれも閉じることになったのです。

父は生前、誰がなんといおうと妻の店と会社は別の仕事なのだから、たとえ私の事業がうまくいかなくなっても、妻の生花店は分社化して続ければいいと提言してくれていました。しかし実際にそうなってみると、当時の私は、それでは社員や取引先にも申し開きができないと、真っ先に妻の店を閉めたのです。

その後互いにギクシャクし、妻の苦言の嵐に私の身体は変調をきたすようになりました。妻が1メートル以内に近づくと、全身に鳥肌が立つようになったのです。心と身体がまったく別の時空にいるような感じになり、話し合いの末に離婚することになりました。

このときの私は、あきらかなる精神的ダメージの中で、心身症といってもおかしくない状態だったと思います。

辛苦あり、困難あり、そして道あり

落ち込んでいるところから切り替えるのは難しい。それは事実です。そこでものをいうのが自分の中にある理念です。自分の事業や仕事に理念がないのは問題外ですが、その先にある人生の理念を見据えておけば、落ち込んでも必ず立ち直れる。道は開けると思うのです。

実現したいこと、到達したいこと、成し遂げたいこと。それがあれば、振り返り、分析し、対策した後で次のステージに進むことができます。

自分の次のステージは何だろう。どこだろう。今がどん底。ならばここから上がるのみ。そう考えられたとき、ふと父のことが頭に浮かびました。同じように、何度も挫折をしながら大家族を守り続けた父。その父が遺したノートを思い出したのです。書きかけの小説が数ページですが綴られていました。慌ただしい日々の中、父は自分が本当に目指したかった、書くということを、自分なりに続けていたのでしょう。父への想いがあふれると同時に、自分の次の道がはっきり示されたように感じました。

「出版の仕事をしよう」。

私はまったく初めての道での再起を誓いました。

第4章

Local area Business

倒されても起きる
全国各地の〝ここで生きる〟生産者との出会い

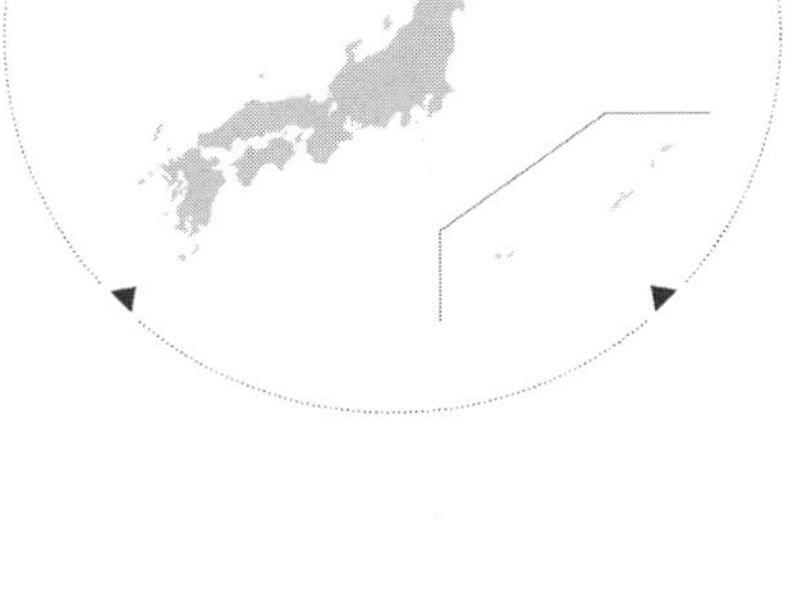

"5&4" means "FOREVER"

記者として国内産地を取材

東京・神田を再起の地に定めた私は、まったく新しい道を目指しました。広告業とその制作で生産者の販売支援をしたいと考えたのです。食と福祉という自分の生涯のテーマに沿ったものにしたいと歩み始めます。

新聞社、出版社と交渉し、独自の企画面を持つことが叶います。「これなら生産者に費用をかけさせないで応援ができる！」と思いひと筋の道ですが光が差した気がしていました。

したいことは心に定まっているものの、仙台に残してきた家族への仕送りは待ったなしです。妻とは離婚をし、東京と仙台と、住む場所は離れてしまったものの、時間が許す限りは帰り、家族と過ごし、家長として家族を養い続けていました。

当時、娘たちは中高生で、仕送りだけでも毎月40、50万円は送らなければなりません。

生き生きと青春時代を過ごしているであろう娘たちのことを思うと き、寂しさと共に決意を新たにする、努力と模索の日々でした。

東京での仕事を続けつつも、娘たちへの想いが、ときに私の心を押しつぶしそうになります。まだまだ光は見えない。子どもたちのことを思うとき、正直に申しますと、ひとり湯船で号泣することもたびたびでした。それもこれも自分の身から出た錆であり運命と思うのですが、家族からしてみれば、私のわがままに思えたこともきっとあるでしょう。実際にそうだったのかもしれません。それでも頑張るしか道はなかったのです。

書く仕事を自分でやってみよう。父がしていたことでもあり、書くことは身近でした。生産者を取材し、農業生産者支援となるような記事を配信しよう。今のようにインターネットが手軽に使えるわけではありませんでした。関連の雑誌や新聞に向けて記事を書くと同時に、ターゲットの異なる媒体にも、その媒体にマッチするような企画を考えて提案していました。

初めてのことで、覚えなければいけないこと、学ばなければいけないことがたくさんありました。その分、期待通りの充実した仕事でした。生産者に会い、記事にして喜ばれる。そして新しい友として結ばれる。自分の企画が、これまで農業のことなど考えたことのない若者の目にとまるかもしれない。

楽しいこともあり、無我夢中で働きました。どんなに働いても、お金は仕送りと約束の返済に消えてしまい、手元には残りません。3食牛丼の日々が半年くらいは続いたでしょうか。

経済的には再起を果たしたといえる数年後、食と命について考えることが多くなり、癌に苦しむ方の食の支援や活動もする中で、福祉への想いについても自分をごまかしきれない時期がきました。

初めて出版や広告の仕事をするにあたっては、1年ほどは修行として知人の紹介の会社に勤めました。そしてその後、生産者の声を伝え、地方のよいものに光を当てるという、自分自身の理念を反映した媒体づくりのためにアースファクトリー株式会社を設立したのです。

全国の生産地を飛び回り、取材をする日々。私は日本にこれだけ素晴らしい宝があるのかと驚くようなものにあちこちで出会い、感銘を受けました。そして、それらを記事として紹介するだけでなく、ほしい人たちの手に実際に届けるための事業体。それをアースファクトリーの役目として歩み始めたのです。

▶取材の際に出会った生産者さんたち

地方のよいものを掘り起こして光をあてる

そこで背中を押してくれたのは、書く仕事で出会った生産者さんたちです。もちろん、取材対象者は、そんな私の事情は知りません。けれど、生産者に会って話を聞くことで、記事として想いを伝えることにももちろん意義はある。そして、この生産者さんが育てた野菜や果物を、多くの人々に喜んでもらえる状態で届けたい。取材のたびにその気持ちが固まっていくのです。日本には、それだけすばらしい生産者がたくさんいるのです。

新潟の減農薬栽培に取り組むお米農家の取材をしたときのことです。雑誌の巻頭企画でカラー5ページだったと思いますが、発行と同時に大ヒットで今まで農協頼りだった販売方法が直販に変化したのです。ほぼ1年分の生産量を直販（記事紹介のみ）したことがありました。私も嬉しかったですね。大なり小なりこのようなことはいくつもありました。

自分たちが本当にいいと感じたものを仕入れ、通販で流通させる。全国各地の生産物を自分の目で選んでいるので、仕入れた商品はどれもよく売れました。三越本店で美食フェアなどのさまざまなイベントの企画や出店もするようになりました。さらには、全国各地から仕入れた食を楽しんでもらう創作和食の店「風土職人」もオープンしました。

「こんなにいい食材があるなら、ぜひ飲食店を営んでみたい」という人と出会い、せっかく全国のよいものを仕入れられる関係があるのだからと決意して始めた店です。当時まだ東京で知られていない素材を使った料理やご当地グルメなどを提供し、好評をいただいていました。

この店では、経営の世界で名を知られる方々との出会いがありました。名だたる企業の役員を勤めるような人は、知的好奇心が旺盛なものです。「全国のめずらしいもの、良質なものを楽しめる」とご高評をくださる方々が増えてきて、店の前に運転手つきの黒塗りのリムジンが並ぶこともありました。ビジネス書を何冊も書いてベストセラーにしているような方と、直接話をして感銘を受けたこのときの経験は私の宝物になっています。

中でも京セラグループのトップ、稲盛和夫さんとグループ会社の技術者の方々との会合の折には、おおいに勉強させていただいた思い出があります。昼は制作取材で夜は店。忙しい日々でした。

業績も順調に運び、再起を果たして目処がついたことで、仙台の家族も呼び寄せ、妻と再びの結婚をして船橋で一緒に暮らし始め、全国を飛び回っていた時代です。

生産者と触れて考えたこと

地方に目を向け、安全で良質な食を届ける。つくり手の想いを伝える。そんな事業はやりがいに満ちたものでした。

しかし同時に、地方を訪ね取材をするごとに、価格変動や気象条件に左右される農業に疲弊してしまっている生産者に出会うことも事実でした。後継がいないために、自分の代で農業は終わり。子どもはいるけれど、この仕事で苦労させたくないから農業は継がせない。そんな現実を見聞きすることも多い日々でした。

日本の耕作放棄地や遊休農地は増加の一途をたどっています。平成28年度の食料自給率は38%(カロリーベース)。近年はほぼ横ばいとはいえ、70%以上だった昭和40年代とは大違いです。

足りないものは輸入すればいいといっても、相手が売らないといえばそれまでです。人間は食べずには生きられません。どうしても輸入が必要となれば、相手の言い値で購入せざるを得ないことも考えられます。最悪の場合、いくらお金を出しても売ってもらえないかもしれないのです。食の安全どころか、最低限の食を確保すること自体が難しくなるかもしれない事態です。にもかかわらず、その危機感が薄いことにも違和感を覚えます。

しかも日本では、食品が日々、大量に廃棄されています。2014年の日本の食品廃棄物は2775万トン。このうち食品ロスは621万トンで、15年の国連の食糧援助は約320万トン。

国連が世界に援助している食糧の約2倍の食品が、日本ではつくられては捨てられているということです。

コンビニやスーパーなどでは当たり前になっている、何の問題もない食品を廃棄している光景を見るたびに、日本はこれでよいのかと考えさせられます。

食の安心・安全に加えて、地球からの恵みである食糧をすべて使い切り、できるだけ捨てないシステムづくりが必要だと痛感します。

日本の食料自給率の低さ。食品大量廃棄。これらの問題ひとつとっても、独立して起きた問題ではありません。農業だけでなくどの分野でも、少子高齢化により、これまで自然に受け継がれてきたものが継承されにくくなっている問題。人が都市部へと流れ、地方が過疎化する。それによってさらに都市と地方の格差が広がり、地方に人が留まらないという悪循環。田舎暮らしを夢見て移住した若夫婦が子どもが成長し、よい学校がないといって都会へ戻るケースも見てきました。

都市での消費生活では、価格の安さだけが選択基準になり、本当にいいものが生き残りにくいこと。それにより、たとえば食であればその安心・安全が脅かされること。利益追求型の社会は環境問題も加速させます。一極集中型のかたよった人口分布などから生じる住宅問題や就労問題。それは少子化問題の一因にもなります。

情報化や都市型ライフスタイルが進むことで、人と人の関係が希薄になることなどから、キレやすい、または極端に打たれ弱いなどという、問題を抱えた適応不足になった人の増加。他者を思いやることよりも自分をアピールしたい。そのために他者を攻撃することも利用する、一部のメディアやネットの住人たち。攻撃されることを恐れて、したいことやいいたいことを我慢し、互いに半信半疑で萎縮する社会。

この社会に起きている問題は、それぞれどこかでつながりあっています。もちろん、いろいろな工夫によって、問題を解決しようという動きも活発です。問題の根っこがつながっているのなら、解決の手段だってつながっているはずです。社会問題の解決なんて大きなことはできない。そうではなく、足元の問題を解決しようとすることが、結果的にさまざまな問題の解決へと向かっていくと思うのです。

問題解決に重要なのは継続できること

たとえば農業であれば、農家が抱える問題を打破しようとする動きも見られます。作物に付加価値をつけて、安定した価格で卸すことを可能にした生産者もいます。地域ぐるみで有名シェフを巻き込み、農作物や野菜料理で町おこしをする自治体やグループもあります。遊休地を活用して人を呼べる施設をつくり、町を活性化する試みも増えています。

農業体験や農家民宿も人気です。収穫物を皆で加工し、食べることのできる場があれば、訪れた人に収穫から料理、そして食べるという経験も与えられます。加工場は地域ブランドの加工品を生み出す場にもなりますから、閑散期にも稼働します。このような取り組みが各地に広がっています。

日本の農家全体が危機的な状態だというつもりはありません。ただ、ここにも格差があると感じます。昔ながらのやり方しか知らず、いわれるままに農協に卸す。昔ながらのやり方が悪いということではなく、それを守っていることが損だというつもりもありません。

ただし、問題があるなら解決の手段を講じなければならないということです。国の支援、自治体の支援もあります。けれど、多くの支援はお金のバラマキで終わってしまいます。お金は使ってしまえば終わり。そうではなく、うまい仕組みを構築するための知恵や、そのために必要なものを投入しなければ、一過性のもので終わってしまいます。

一過性の資金援助は、かえってマイナスをもたらすことも多い。それはすべてのカテゴリーで実証されています。よい例えではないかもしれませんが、喉が渇いた人にすぐ飲み干してしまうだけの水を与えるどころか、塩水を与えることにもなりかねません。

それよりも井戸や水道、海水を真水化するシステムなどを与え、その使用法やメンテナンス法を授けることが必要なのではないでしょうか。

やはり農漁業と食を根本的に結びつけ、さらに福祉に活かすビジネスをしなければ。取材の中で改めて実感した私は、東京での仕事にピリオドを打つことを決意しました。

再びの別れと新たな始まりをもたらす出会い

2度目の倒産から紆余曲折を経て、東京でやっと再生した家族ですが、私は稼ぐため、暮らしを守るために必死でした。仕事に夢中になったと思ったのでしょう。妻との間に心の距離がまた生じてしまいます。自分を傾けることができる仕事に出会い、さまざまな出会いの中で全国を取材で飛び回る私を見て、妻からすれば家族が置いてきぼりをくっているような気がしたのでしょう。

地方取材が続き、段々と家で過ごすことが少なくなっていく私に業を煮やして、妻の頭の中には心配や妄想や勝手なストーリー仕立ての恨み節などが取り憑いてしまったようでした。ついには、文字通りの三行半を突きつけられるのです。妻の決意は固く「トラックドライバーでもして一緒にいてほしいけれど……」といわれましたが、私には自分がそうはなれないことがわかっていましたし、それでは養っていけませんでした。再び独身に戻って、離れても家族の幸せを祈り、再び仕送りの人生に入ることになり、母を伴って東京・両国へ居を移すことになりました。

取材に奔走しつつ、ときに家族を想い、涙しながら模索した日々。家族と再スタートし、さらに再びの決定的な別れをもたらした東京。そこに新たな出会いが繰り広げられたのは、やはり偶然ではなく必然だったのだと思います。

多くの出会いの中でも、このときの出会いは特別でした。岩城祐子さんは、私の大恩人ともいうべき人です。彼女と出会ったのは2007年の2月。新聞の取材のためでした。岩城さんについても7章で紹介しますので、ここではビジネス展開に関する流れだけをお伝えします。

岩城さんは、当時めずらしかった有料老人ホームのシステムをつくった草分け的な存在です。高齢者が最後まで尊厳を失うことなく、施設でも生活を楽しむ。現在のスタンダードともいえる考え方も施設も、40年前にはまったく浸透していなかったのです。

岩城さんは当時東京を拠点に、有料老人ホーム事業で大成功していました。地域密着型の食品加工の会社も経営していました。会社を立て直したいから、とりあえず事業計画を立ててほしいと頼まれたのがきっかけです。

社名は「有限会社岩城のかあさん」。食品加工の年商は250万円くらいで、ほとんど休業状態。5年計画でしたが、私はほぼ創業に近い意識でプランをつくりました。まだ出会って間もなかった私が作成した事業プランは、1億円以上もの投資を必要とするものでした。正直なところ、まさかそれほどのことをする気があるとは思っていませんでした。けれど、私としても中途半端なことをする気はありません。

やるなら、自分の人生を賭けてもいいといえる事業計画書をつくって持っていったのです。

地域密着型の食品メーカーの再建

岩城さんは、私が持参した数十ページに及ぶ計画書をパラパラとめくり読みをしました。そして最後のページの予算表、投資総額1億円ベースだけを確認し、まっすぐに私の目を見て「あなたに頼むわね」とひとこと。まさかOKが出るなんて思わなかった私のほうがびっくりです。なんと豪快でおもしろい人なのだろうと思いました。

そこから秋田のお母さんたちの雇用創出のため「岩城のかあさん」ブランドを立ち上げることになりました。目玉は特産品を使った人参ジャム。当初私にとっては「人参でジャム……どんなものなんだろう」と、意外に思った加工品ですが、とてもおいしかったのです。

もともと上白糖でつくっていたものを、麦芽糖に変えるよう指示しました。人参も高原人参を生産する人のものに変えました。すると「血糖値が高い人でも食べられる」「健康によくておいしい」と大評判に。確かにとてもよいジャムで、私も知人にあげて味見をしてもらったところ、大変喜ばれたことが記憶に残っています。

私はその年の9月に秋田に移住し、本格的に工場の再建に携わることになるのですが、岩城さんに出会って3カ月後の5月だったかと思います。最高のシーズンを迎えた秋田を訪ねたときのこと。いきなりその場に集まった人々に「次の社長です」と紹介するのです。心の中で「これはやられた！」と思いつつも、とても「まだ引き受けていません」なんていえる状況ではありませんでした。

当時はまだ東京での仕事も神田の店も完全に辞めてはいませんでした。とはいえ、神田の店は、最初にやりたいといった人が辞めてしまい、私が娘たちに手伝ってもらいながら、昼の仕事とかけ持ちで続けている状態。そのままで長く続けられるわけもなく、上の娘は「父ちゃん、こんなことしてたら死んじゃうよ」というような状況でした。岩城さんの知人で店を引き受けてくれるという人もいたため覚悟を決め、東京での仕事を整理して秋田に移住したわけです。

秋田でのビジネス展開は、まさに私が望んでいたものでした。活性化を必要とする地域遊休施設などを再利用し、農業生産と加工販売の連携を図ります。

地域素材を活かしたものづくりも積極的に進めていきました。

▶秋田は冬の寒さが厳しく、軒先からのびるつららは2メートルにも達する。積雪は1階が埋もれてしまいそうになる。

環境と人にやさしい「まちづくり事業」を進める

秋田に移住した翌年に岩城さんに理事長になっていただき、NPO法人を立ち上げ、私も理事に就任。環境と人に優しい「まちづくり事業」を進めるなど、活動の輪を広げていきました。障がい者支援の仕事も視野に入れ歩み始めたのです。まちづくりには地域行政と住民の参加が欠かせません。

世が世ならご当地岩城亀田藩のお姫様として、地域にその存在と活躍ぶりを知られている岩城さんの影響も大きかったでしょう。けれど何より、行政も住民も、まちづくりの必要性を自ら感じ、よく理解しているようでした。

問題意識や活動したい気持ちは大いにあるけれど、何をしていいかわからない。そんなところに私が行ったことで、ぴったりはまって意欲的な活動を続けることができたことは幸せでした。

地域の遊休施設である農業ハウスを活用し、トマトベリーの生産もスタート。フルーツのように甘くて栄養価が高く、しかもイチゴのようなかわいい形をしたトマトベリーは、普通のトマトよりも高値で販売できました。

こういった特徴のある一次産業品は、道の駅などの目玉商品として、そのまま販売することができます。農作物は何でもそうですが、規格外品は加工に回せばいい。食品廃棄の問題を解決するためにも、無駄なく活用する方法を考えるのも重要です。

ミニトマトのトマトジャムは農林水産大臣賞を受賞したこともありました。

総菜や弁当にレトルト、冷凍を加えると、たいていの食材は無駄なく使い切れます。場合によっては、これまで食材とは見なされていなかった海や山からとれるものが、加工品の材料として活躍してくれることも多かったのです。

リニューアルして再スタートした
おかず箱のレトルト食品のパッケージ

おかず箱のロゴ

秋田から東京まで6店舗を展開

岩城さんは上品な外見からは想像できないほどパワフルな女性です。大正13年生まれの現役です。年齢によって何かをあきらめるということをせず、高齢者の暮らしの質を上げることを目指して前進し続けました。常にアイデアを出し続け、思いついたことは形にしていく。私も自分をそういうタイプの人間だと思っていましたが、岩城さんのパワーには到底かなわなかったです。

高齢者の暮らしの質を上げる。その手段が地域活性化につながるのも素晴らしいことでした。地域の食材を加工し、高齢者の自宅に配食する。レトルト加工し、いつでも手軽に食べられる配置食にする。富山の薬箱と同じシステムです。レトルト加工食を地域の高齢者宅に無料で配り、食べた分だけ集金する。配食や集金で安否確認の一端も担えます。食べて買って預けるコミュニティショップの展開です。

この『おかず箱』をはじめとする高齢者の食を支える取り組みを本格化

するため、飲食店も展開することになりました。秋田、仙台、東京に計6店舗の拠点をつくり、地域高齢者向け配食・配膳食サービスをスタート。『おかず箱』はNHK他のテレビメディアでも話題になり、全国展開を視野に入れてビジネスを活発化させていきました。

そんな中で、2011年3月、東日本大震災が起きたのです。私たちの事業所にも一部、軽度の被害がありました。電気も止まりました。しかしそれよりも大変な人たちがたくさんいます。すぐに自治体や大学と連携し、食品加工のノウハウを活かして炊き出し支援を繰り返しました。

こうして秋田でも、怒涛の日々が続きました。体力的にはきつかったけれど、自分の目指すべきものに向かって着実に進んでいる。農業と食と地域を結ぶ取り組みに携わる充実感に満たされながら、震災というとてつもない大きな出来事と戦い、目の前の業務に邁《まい》進する日々でした。

新しい家族ができる、そして東日本大震災

思いもよらぬこと。またしても私の人生に大きな岐路をもたらす東日本大震災が起こりました。事業で成功へのステップを登り、それを失った秋田の地。知人や友人、妹が暮らす仙台は大きな被害を受けました。

岩城さんと共に仕事で秋田から東京へ向かう途中、ラジオから流れる女性アナウンサーの声、津波が2メートルそして5メートル、信じられない、20メートルと。

娘たちと行った海岸の映像が壊れていく。

栃木県佐野市あたりで震災に遭った私は、ホテルでなすすべもなくテレビにかじりつき、電話での指示や安否の確認に1週間ほどを費やしました。

津波の映像や倒壊した街並みを見ながら、心はどん底の日々でした。あぁもう会社も終わったなと……。私は怖くてその後のYouTubeの映像も見られませんでした。

知り合いはその後を語ってくれました。津波から逃げる高台への道、すぐ後ろに居た母が津波に呑まれ、姪は石巻のスーパーの屋上で難を逃

れ、甥は仙台のオイルターミナルの爆発の最中に逃げ惑い一命を取り留めた。

そんなことが一瞬にして起きたのです。築いたものを失う予感の中、私はどうすればよいかを考えましたが、最早尋常な精神状態にはないのです。後に訪れた仙台空港近くの慰霊の丘から見渡す海岸には高さ9メートル長さ十数キロメートルにもなる防波堤が築かれていたのです。

しかし私にはとても力ない映像としてしか映らず、人間の命の弱さ、儚さを痛感するのです。このような経験は日本に住む人の中でも稀と思われるのかも知れませんが、実はいつどこで起きてもおかしくないのです。

そのとき、会社の倉庫にあったレトルトおかずは即座になくなりました。地域のスーパーから何でもよいから納品をと要請があったのです。もう少し事業の準備が整い充実していれば、もっと多くの人たちの力となれたのにと当時は悔やむばかりでした。

今日本の気候も大きく変化し、亜熱帯化しているのは誰にでもわかる状況。そんな中だからこそ、ライフラインがストップしても支えられる食品事業の展開が大切と痛感するのです。

常時、非常時に関わらぬ取り組みはとても重要だと思うのです。遠方の人は対岸の火事と、どこかで思うところもあるでしょう。

しかし、現在の日本は台風水害等々も多いのです。災害から命をつなぎ、地方だからこそできる仕組みづくりが求められているのではないでしょうか。農業も漁業も食の加工もしっかりとつなげられるのは地方であるがゆえなのです。コンクリートの大地で行われる工業生産的農業も注目はされますが、一体それでどの程度の救いとなるのでしょうか。疑問を投げかける人は少なくないと思うのです。

地方起業、既存事業との複合化が求められているのです。

その震災に前後して、岩城さんの紹介で出会った女性と再婚することになったのも不思議な縁のように思えます。身体の悪い私の母を心配した岩城さんが再婚相手にどうかと、長年施設や、病院の介護棟などで仕事をしてきた介護福祉士の女性を紹介してくれたのです。それは善なるものと思うのですが、神は本当にいろいろなことを与えてくれると申しましょうか、震災に合わせるがごとく末娘を授かったのです。

妻は妊娠中から体調を崩すことが多く、娘は予定日から数カ月程も早く緊急手術で、この世に生を受けました。やっと発しているかのような弱々しい泣き声。それでもぎゅっと握りしめている小さな手。たった今

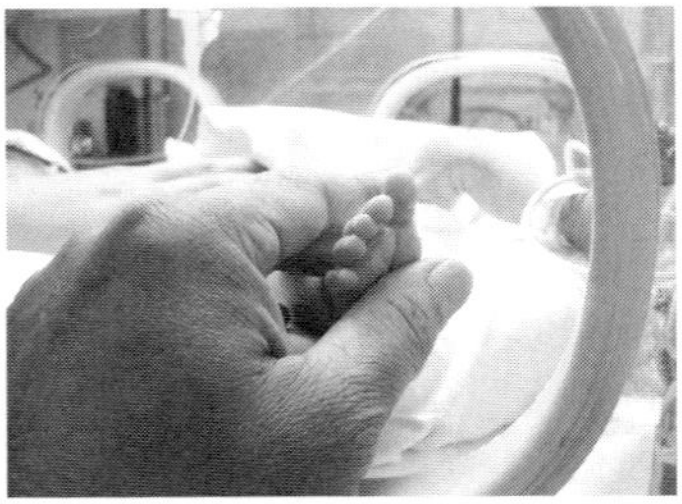

▶生まれてからすぐ保育器に入れられた娘の小さな足

生まれたばかりなのに、全身で生きる意志を表していました。すぐに保育器に入れられ、抱くことも叶わなかったあまりに小さく頼りないその姿を見て「この子を全身全霊で守ることが、私に与えられたもうひとつの使命なのだ」と感じました。

今、こうして健やかに育ってくれていることに心から感謝しています。家族の笑顔を毎日見られることは当たり前のことではない。奇跡だと。日常の何気ない日々はすべて2度とない大切なものなのだと、それを実感して過ごしています。

娘の状態が落ち着き、やっと新たな家族で暮らせるというときに、私はまだ東日本大震災後の対応に追われていました。ボランティアの炊き出し、震災によって大きなダメージを受けた自社の事業被害の手当てや対応と、再び盛り返すための動きに追われ続けていました。

妻は初婚でした。知らない土地に住み始め、それからすぐに初めての出産。数カ月後に退院した赤ん坊と家に残されて心細かったのかもしれません。急性の適応障害を起こしてしまったのです。娘だけに集中し、娘と自分を重ね合わせて、ほかには何も手がつかない、受け入れられない状態が続きました。体調の悪い母の世話など到底できない。娘に対しても普通に接することができないため周囲が手助けしようとしてくれるのですが、それも受け入れられずパニックを起こしてしまう。

今思うと私にも反省点が多々あります。妻は娘を置いて冬の雪の中にひとり出て行きました。義父に単身の再起の応援を頼みました。衝撃的な出会いと別れの繰り返しとでもいいましょうか。いつまで経っても激しい運命に翻弄されているかのような数奇な出来事が続く中、茫然とする間もなく娘のこと、震災のこと、会社のことなどが押し寄せてくるのでした。

幼い娘を置いて妻が出て行き、母は祖母として娘の面倒を見ようと頑張ってくれていたのですが、自身の身体もままならない状態です。私にとっては多分最後の娘ですが、ミルクを飲ませながら離乳食を始めたばかりの子を自分の手ですべて育てることになりました。

仕事も多忙を極めていたので急いで保育園を探し、地元の亀田保育園に入園手続きをしました。入園当初は毎日泣いて泣いて、お迎えに行くまでほとんど泣き通しということもあったようです。仕事を終えて迎えに行くと、ぎゅっとしがみついてきて離れません。この小さな身体のどこにそんな力があるのかと思うくらい。その顔は泣きはらしています。毎

▶幼い娘はすくすくと育ち離乳食を食べるようになった

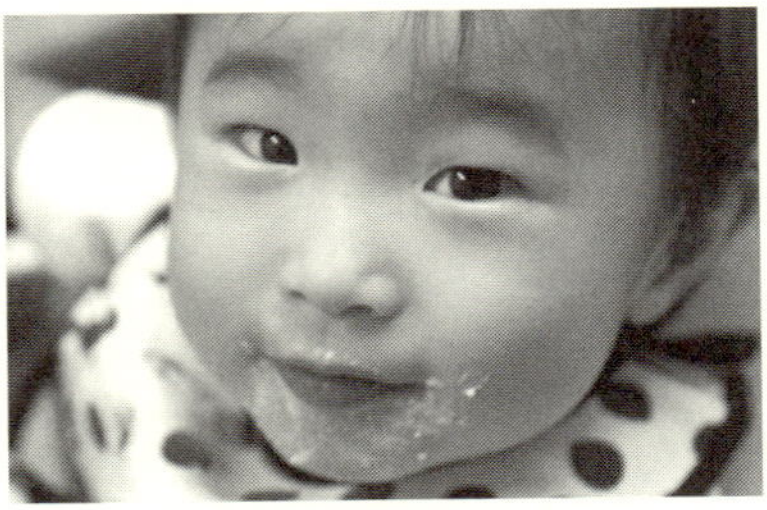

朝、私の身体に張り付いている娘を引きはがすようにして保育園に置いていくのは本当に胸が張り裂けるような想いでした。

出張も多かったので、周囲の人々には本当に助けてもらいました。中でも天理教亀田分教会長の奥様の小林さんは娘の保育園の保母さんもされていて、昼も夜も面倒を見ていただきました。娘のことを本当に可愛がってくれました。娘もよくなつき、本当の母娘のようでした。娘には笑顔が多くなり、私もだいぶ心配が減りました。このときのことは、今でも折に触れ大いなる感謝と共に思い出します。

六次産業化による地方創出のさきがけ

私生活ではいろいろありましたが、秋田でのビジネスは、私がずっと求めてきたものを実現していくかのような形で進んでいきます。現実を打破するため「おかず箱」事業に続き、廃校施設を利用して、カット野菜とレトルト食品の量産化を目指しました。店舗や配食で流通・販売までできるので、まさに六次産業化ビジネスです。

2010年に「六次産業化・地産地消法」が公布され、六次産業化が各地でブームになりつつあった頃です。まだ実績として六次産業化を確立させたケースは数少なく、私たちは草分け的な存在として注目を浴びることとなりました。

地元でとれる農作物を、地域の働き手が加工する。旬の栄養たっぷりで新鮮な野菜は、そのまま売ることもできるし、冷凍のカット野菜にして、栄養とおいしさを閉じ込めることもできる。これで野菜を無駄にすることはありません。地域の人々はもちろん、流通を確立すれば全国どこにでも届けることができます。

規格外の野菜や、生食、カット野菜などで消費しきれない野菜は加工します。ジャムやレトルト食品、スイーツなど、安心・安全な食材を使い、地元の人々が丁寧に加工する食品は、単なる加工食品とはひと味違います。大手食品メーカーほどコストを下げることはできず、それが販売価格にも反映されますが、わかる人にはわかります。たとえレトルトや加工食品であっても、顔が見える商品はつくれます。農家から加工者まで、携わっている人がわかる。そういう食品への需要はありますす。今後も高まっていくでしょう。

地産地消の考え方で、地域の人々、地域のお店には安く売ることもできます。たとえば配食サービスをするのであれば、味つけや好き嫌いなどを反映してカスタマイズすることもできます。手間はかかりますが、それは地域に根づいたビジネスだからこそできること。強烈な差別化になります。そういう対応を求める人に支えられるビジネスという見方もあります。

価格競争に乗って、安心・安全よりもコストダウンを優先し、従業員へも十分な待遇を与えられない。運営者も従業員も疲弊し、利用者も最低限の品質しか保証されない。

そういう場で勝負するのか、そのレースには加わらず別の道を行くのか。自分の道を新たに切り開くのか。何を選択するかは自由です。けれど、自分の目先の利益だけでなく、地域全体の今と未来を考えるなら、おのずと答えは出るのではないでしょうか。

会社封鎖と工場の譲渡

地方創出、六次産業化、高齢者福祉……ずっと実現したかったことを、ビジネスとして確立した。そう思えた秋田での展開。ビジネスとして確立するということは、利益を出し、それにより継続を可能にするということです。関わる人々が、自分の目的とメリットを叶える手段となることです。

ところがあの大津波が志をつぶし、その結果越えること叶わず2013年の秋、私は自分の理想の実現形として育ててきた食品メーカーの代表を退任します。生産工場などを主力株主である提携企業へ譲渡し、再び東京に戻ることになります。

最後の最後まで応援していただいた株式会社システック梶村会長（当時社長）様には改めて感謝申し上げます。生涯の私の思いとしていつの日かご恩返しが叶うように歩みます。

負債総額は約2億4000万円。売上高が前年比を大きく上回る中での倒産。結果的に従業員を解雇しなければならなかったことも痛恨の極みでした。売り上げを伸ばしながら倒れたのは、人員削減しないで歩む

▶「マザーズキッチンいわきのかあさん」のロゴ

ことにした結果です。何よりも社員を守るという決心で増やした債務でした。そこには金融機関との付き合い方にも、大きな要因があったことを述べておきたいと思います。

「岩城のかあさん」は、秋田県のお墨つきともいえる期待を背負ってスタートしました。岩城さんは県知事とも面談する仲でしたし、それまで地元秋田に貢献してきた岩城さんの新規事業、しかもまちづくり事業であり、秋田発の全国企業の誕生ということで、県内の名だたる企業も協力を申し出、県の方々も応援し、地元有数の企業の経営者なども役員や株主に名を連ねていました。

当然、地元の金融機関も計画融資に前向きでした。東日本大震災後も、金融機関のほうから積極的に活用を勧め、新たな工場に再起をかけようと事業拡大もしました。しかし長引く震災の影響を受けて、金融機関の態度は急激に悪化。今まで応援してくれた支店長が子会社へ行き、別の支店長がきたのです。後で感じたのですが、清算に切り替わった瞬間でした。突然手のひらを返してきたのです。

なんとか社員を守ろうと必死でした。そんな折に主力株主で県内屈指の優良企業の経営者であった関氏の支援のもととりなしてもらい、メインの金融機関に呼ばれて出かけると、役員ほか4人の方が席を連ね、会社の今後の話をしてきます。話を聞いていると「こうも態度を変えるのか」と驚くほど後ろ向きです。あれほど積極的に「岩城のかあさんを後押しする」という言葉で、事業を推進してきたのです。その口で会社に引導を渡そうとするのです。

前のめりに融資を進めた分、後退するとなったら一気でした。銀行主導のもとに事業は縮小。資産を売却する方向になります。心の中で、これはもう厳しいと感じていました。

当時2~3の銀行とつながりもあり、やり取りをしていました。そんな中、秋田に支店をもつ都市銀行が、唯一前向きでした。結果、間に合わなかったのですが、その教訓は今に活かされていると感じます。商いをするうえで相見積を取るのと同じで、いくつかの銀行に話を聞き、よりよい条件の銀行を選ぶのは当然のことです。地元だから、いい担当者だからといって遠慮することはありません。担当者も支店長も、数年で支店や部署が変わっていなくなります。

関氏は株式会社秋田ゼロックスの前社長でとても素敵な方です。本当にお世話になりました。
東日本大震災の影響も後を引いていました。そんな中でも私は震災後も人を解雇せず、国の特別融資という銀行側の提案を受けながら従業員の雇用を保証する制度を活用しました。しかし、周囲の被災状況も激しく、普段通りの営業はできません。少ない仕事をみんなで分け合うために、国の支援補助金を活かしましたが、給料を保証しながら交代で自宅待機をしつつ会社を回していくうちに、従業員の中にモチベーションが続かなくなっていく人が出てきたのです。あれだけのことが起きたのです。それぞれ失ったものもあり、通常の精神状態でいられなくなるのも仕方ないことかもしれません。

この会社で確立したビジネスモデルに興味を示す自治体や企業は多く、事業を引き継ぎたいという声もありました。M&Aに賭けて奔走しました。会社をたたむこと、譲渡先への引き継ぎ、従業員の再雇用先探しなど、社長としての最後の役目に奔走しながら、私はそれでも、このビジネスモデルは間違っていなかったと考えていました。けれど、その交渉に振り回される前に本来はあった単独の清算の時期を逃したことも事実です。幸い本社工場だけは譲渡。会社は変われど生産事業自体は今も継続されています。

岩城さんとの出会いで始まった「岩城のかあさん」。それを立ち上げたことで、さらに多くの人々との出会いが広がりました。今に続く大切な出会いも少なくありません。人生の大事な出会いのひとつである山口氏や東氏のことは、7章で紹介させていただきます。私はそれらを自身の心からの信頼の糧に、次の再起を目指すことになるのです。

おかず箱の全国展開に努める頃、鹿児島県で精密機器系の製造と弁当総菜の事業をしておられ、その後高齢者福祉事業へと参入された会社との出会いがありました。社長の真辺氏はとても素晴らしい方で、人に優しく地域貢献を目指し、廃校を買い上げて工場にしていました。子会社の食品事業では、年末のおせち料理を1日で1000万円前後のご注文をお客様から承りお届けするなど、とても地域の人たちを大切に想い活動する方でした。

秋田の事業閉鎖のニュースが届いた折には真っ先にお電話を頂戴したのです。「大変なことと思います。随分ご努力されましたのに……きっとあなたのことですから再起されると信じています。どうか気落ちしないで頑張ってくださいね。陰ながら応援しています」とおっしゃられたのです。この出版に際して改めて心より御礼申し上げます。私はずっとそのお言葉を忘れたことは御座いません。人はどんな向かい風でもほんの少しの優しい言葉に大いに勇気づけられるものですね。

この時ばかりは、上の三人娘もそれぞれが私に電話をくれました。「お父さん。短気は起こさないでね。大変だと思うけど心配してるから……頑張ってね」と。娘達は以前の辛苦も見て来ていますから、私の落ち込む姿を感じて心配したのでしょう。ヨチヨチ歩きを始めた末娘と母を仙台の妹のところに預け、私は倒産の対応の渦中に身を置くことになったのです。

代表会長の職にあった岩城さんと共にお詫び行脚、未払いとなっていた社員の給与の補償支給の手続きに、残った資産の管理にと奔走していました。この時、私の仕送り人生にも終止符を打ち、娘たちを想い、理解応援し続けてくれている人に報いるために、またしても努力し直す人生を歩むことになるのです。

心を寄せてくれる人たちへの感謝を胸に。

第5章

Local area Business

宝は足もとに

地域の特色、漁・農産物、そして人
どこにでも大きな可能性が

ビジネスの基本＋地域の特色＝最強ご当地ビジネス

地方の社会は、どこかで誰もがつながっている社会ともいえます。従業員や顧客、取引先、どこにどんなつながりがあるかわかりません。いくら地元に還元するためと考えてのことでも、利益を追求して従業員に無理をさせる企業より、和気あいあいと、田舎のペースで仕事をする事業者が親しまれる傾向があるような気がします。

とはいえ、なあなあになって、いちばん大切な顧客サービスがおろそかになるのはいけません。自治体が運営する店舗などで見られるのが「買っていただいている」「お客様」という意識が希薄なケース。また、ビジネス感覚がなく収益への意識が希薄なケースなどです。

サービスを提供するのなら、お客様第一で接客しなければなりません。「お客様は神様」とか、いいなりになれということではありませんが、お客様があって自分たちの仕事が回っているという、ごく当たり前のことを忘れてはいけません。

売り上げが上がろうが、コストダウンを実現しようが、自分たちには関係ないという従業員、事業者も大問題です。ビジネスを続ける限り、無駄なコストは省き、お客様に喜んでいただいて、利益を上げるのが目的です。その目的のために、仕事に従事するすべてのメンバーが心をひとつにしなければ、いいサービスは生まれません。

その土地ならではのやり方があるのは確かです。それを活かすことができるのも、地域に根ざしたビジネスの醍醐味です。ビジネスとしての基本をおろそかにすることなく、地方色をよい形で活かしながら、和気あいあいと継続していく。それができれば最強のご当地ビジネスが実現するでしょう。

日本の福祉制度への疑問と憤り

地元の素材を仕入れて生産加工し、地域の人々の手で総菜や弁当をつくる。そして高齢者の自宅に届けたり、食べられる場所を提供したりする。秋田で展開、確立を目指したビジネスモデルです。

秋田でのチャレンジは失敗してしまいましたが、そのシステムは大いに注目を浴び、地元の宝を活用して高齢者の生活の質を向上させる仕組みとして喜ばれました。

何よりもセブンイレブンが配食サービスを展開する時代になったのです。たとえば大手の宅配販売会社が田舎に入ったとしても、住んでいる人が少ないから効率が悪い。手間のわりに収益が上がらないわけです。大都市部なら大手が介入して成り立つかもしれませんが、田舎ではいろいろな分野がひとつになってやっていかないと回りません。

農林水産省も厚生労働省も、日本の政治システムが縦割りだから、その中で行われる大規模ビジネスも縦割りになりがちです。就労支援、高齢者の支援、障がい者の支援、児童養護。それぞれの支援としてその枠組みは用意されているけれど、縦割りだから連携となるとなかなかうまく機能しません。

私たちの社会は、今生きている人々すべてで構成され、機能しています。人々の暮らしは縦割りではないのです。縦割り行政、縦割りビジネスは、人々の暮らしに寄り添っていない。社会に適合していません。行政や大企業が決めた仕組みに、人々を合わせようとしています。素晴らしい行政マンも多くいますがなかなか不満が消えることはないのです。

すべての人に居心地のいい社会、みんなが自分らしく生きられる社会。

それは現実の縦割りと、地域の暮らしに寄り添う横の連携。どちらの意識もあり、利用する人々に合わせて自在にクロスできる仕組みが大切で自然に機能している社会が最良です。

そのためのシステム運営がビジネスとして継続していけば、地産地消にも雇用にも貢献できます。福祉サービスも組み込めます。

現在の日本の福祉制度には問題が山積しています。障がい者の問題。親と暮らせない子どもたち。母子家庭など極貧にあえぐ人々。これまでの日本を支えてきた高齢者が、幸せな最期を迎えることの難しさなど。

高齢者の問題を取り上げれば、老人ホームに入れないまま、順番待ちの間に亡くなる人々がいます。自宅で家事もままならず、劣悪な環境の中で弱っていく。そんな人を放っておいて、何が先進国でしょうか。おもてなし精神、美しい国、クールジャパンなんていう言葉が白々しく感じられます。

在宅介護、ヘルパーという考え方やシステムが確立されてはいますが、それも十分ではありません。担当する現場の人も幸せでなくてはいけません。介護保険制度にしても、地域や担当者によって、かなりのバラつきが見られます。高額医療になると困るからということで、金額上限のみで投薬や治療法を決める取り決めもあるのです。

在宅復帰を目的とする介護老人保健施設も、要介護度の高い人のための特別養護老人ホームも、これからますます需要が増すはずなのに、受け入れ態勢が十分とはいえません。圧倒的に数が足りないのです。

行政や民間ということで区別をせず、縦割りの考え方から脱して、横の連携も活用する。それができなければ、特にこれから必要とされる高齢者福祉は立ちゆかなくなるはずです。それは、現状を見れば誰もがわかるはずのこと。それなのに根本的な対策を先延ばしにする。利用者よりも、国や行政の考え方、これまでのやり方が重視されている状態です。

高齢者福祉以外の問題にしても、国や行政の中で携わる人々は、実際にそれを必要としていない人間がほとんどです。頭で考え、前例に照らし合わせて次を考える。

これまでのやり方では問題が解決せず、新たなシステムが必要とされているのに、前例にしたがうなど意味がありません。

国の体制に関してはいいたいことが山ほどありますが、文句だけをいっていてもなにも変わりません。自分のできることからやる。ビジネスとして継続することで、ものや労力だけでなく、必要とされるシステムの構築を目指す。それであれば、始められる人がたくさんいるはずです。

秋田時代に展開した配食事業と福祉支援の融合化を国の基準で満たせないかと、岩城さんと共に国会議員や事業者などと厚生労働省に出向いたことがあります。私は末席で話の流れを聞いていました。しかし民間事業者に福祉予算をつける事例がないと、話は暗礁に乗り上げたまま。私は「自宅でひとり畳に爪を立てて亡くなる人の想いがわからないのか！」と申し上げておりました。これからも努力が必要なのです。

2章でもくわしく述べた山梨の里親施設を見てもそうです。24歳の私が受けた衝撃。孤児や障がい者の存在は知っていても、親と一緒に暮らせない子どもたちがこんなにいるとは、どんな苦境の中でも家族で肩を寄せ合って暮らしてきた私にとっては驚きでした。自分が知らない現実が、まだまだ世の中にはあるのだと思い知らされました。

施設で育った子どもの中には、どうしても悪い道に誘われてしまう子もいるといいます。自己肯定感が低いからでしょうか。マイノリティに優しくないこの社会にうまく適応することができず、苦しんだり、道を誤ったりする子が少なくないといいます。

山梨の施設には1泊しただけですが、子どもたちや施設スタッフ、施設長といろいろなことを語り合いました。その後も何度か参りました。障がい者ではない子どもたちの施設は、補助金なども少なく運営はとても厳しいということも知りました。絶対的に支援を必要とする子どもたちがいるにも関わらず、存続さえ危ぶまれる施設が多い。そこでも日本の福祉制度の矛盾に憤りを感じました。

なんとかしたい。その気持ちを持つ人はたくさんいるでしょう。けれど意欲や善意だけで続けられることではありません。福祉とビジネスを組み合わせることで、日本にあふれるさまざまな問題が連鎖的に解消していくと思っています。

農・食・福を地方から全国へ広げるチームづくりを

複合事業として確立していくと、レストランが加工施設となり、そこがたとえば就労支援の事業の認可を取れたり、そこでつくったものが地域で素材として利用されやすくなったりします。素材として使われるためには、よいレシピが不可欠です。安心・安全、そして健康にいいといわれても、おいしくなければ人は喜びません。いい素材を活用して、おいしくて、納得できる値段でなければ、どんなにいいものでも10グラム１００円なんていったら誰も買いません。たとえばホテルに卸すにしても、ホテルの食事の値段を考え、そこに対して納入できる生産と価格を考え、安定して供給する工程をきちんと考えるのがビジネスです。

食品に関わる以上、農漁業と生産加工をつないでこそ意味があると思います。その土地の素材をどう活用し、どう展開するのか。それには、土地に根づいた素材への想い、昔からの活用法を熟知したうえで、素材の科学的分析や新しい視点での活用法を考えることが必要です。その土地の人たちとの融合が不可欠です。

土地そのものの事情も考慮しなければなりません。価格に対する意識や顧客の行動様式、畑や海の現場の人たちの生活まで考えて、すべてに無理や矛盾がないようつないでいくことが大切です。それが地元の人々に喜ばれることになり、そこからビジネスの価値が生まれ、利益が上がっていきます。

入り口から出口までを、よりよい形で結ぶ。入り口の前、出口の後の人々にも貢献できる。それが六次産業化の本当の意義なのだと思います。

▶各所にいた地ぱんマン

地元に貢献し、サービスが広く人々に喜ばれ、自社の利益が上がる。まさに「三方よし」。折に触れて父が申していた大切な要素です。それはどんな分野にも共通する、ビジネス成功の基本ではないでしょうか。田舎の既存事業でも連結していくことが重要なのです。

7章で改めて紹介しますが、ここで銀嶺パンの故・大橋雄二さんのことについて、少し触れておきたいと思います。大橋さんは命に関わる難病を抱えながら、命のパンをつくり続けた人です。「日本には日本の風土、日本の人々に合うパンがあるはず」と奮起し「神棚にあるものでパンをつくる」と宣言して、それを成し遂げた人です。

私が仙台で事業をしているときに出会い、以来、長きに亘り魂が交わる絆に結ばれたお付き合いを続けてきました。お母様である大橋康子さんの著書『生きぬいて命のパンをつくって　銀嶺パン　大橋雄二の物語』の出版を手がけさせていただいたことも心に残っています。

大橋さんの理念に共鳴したやなせたかしさんは、無料で「地ぱんマン」のキャラクターをつくってくださいました。志あるところには必然の出会いがあり、その想いはつながれていくと私が信じる所以です。きっと誰の中にも、このように心打たれる絆の物語があるはずです。やなせたかし

▶やなせたかしさんがデザインしてくれた「地ぱんマン」のキャラクター

さんから頂いた直筆の手紙は私の宝です。

ビジネスのうまい人、実績のある人は、この世にたくさんいます。ただ、地域に根づいて、本当に地域のことを考えながら、生産、加工、流通・販売までをつなぎ、さらにそれをビジネスとして愚直に発展させる人は多くありません。それから福祉。これも簡単なことではありません。大橋さんは自由にならない身体を抱えながら生き抜き、私は友人として、そして同志としてその販促活動に努力し続けてきました。

それぞれバラバラであれば、分野ごとの専門家はいます。けれど、一連の流れとしてハンドリングできるコーディネーターは希少です。今、求められているのは、一連の流れとしてビジネス展開できる力です。私にとっては、今までしてきたことのすべて、その中でもたらされた出会いが次世代へつなぐ事業の糧になっています。その糧づくりを皆さんにお伝えしてゆきたいのです。

中には、あなたは福祉を収入の道具にするのかなどと私に投げかける人も現れたりします。怯みませんがそんな方々は本質を見ない、見えていない人たちだと思うのです。

第6章

Local area Business

新天の地へ

確固たるビジョンと自由な発想で房総から全国へ、道は拓ける

means "FOREVE

憧れの南房総へ移住を果たす

南房総は、秋田時代以前に仕事や娘たちとのプライベートで何度も通っていた土地です。高速道路ができる前から南房総が好きで、何かというと訪れていたものでした。今思えば、心のどこかで終《つい》の地として感じていたのかもしれません。

東京に近くて海があって山がある。商圏にもほど近いのに田舎の落ち着きがある。将来自分が地域密着の複合ビジネスをするのにいい場所だと思っていたのです。

娘と母と3人暮らしになった後のことです。仕事をしながらヨチヨチ歩きもままならない末娘を育てる方法を考えていたとき、南房総が頭に浮かびました。しかし、そう簡単に移住する場所は見つかりません。

西千葉に住みながら何度も訪れた末に、館山市の郊外にちょうどいい一軒家が見つかりました。正直そのときの場所選びに関しては、ビジネスよりも娘のことが優先でした。数社の販促コンサルタントをしながら通販のビジネスを再開していたので、当面の稼ぎはあります。通販に力を入れていけば、田舎であってもビジネスができると考えていました。

妻が出て行ってから、母はパーキンソン病の薬を飲みながら不自由な身体で娘の世話をし続けてくれました。娘は西千葉の保育園に入ったときも1週間、毎日泣き続けて、仕事を終えて迎えに行くと泣きはらした顔ですがりついてきたことを覚えています。娘がインフルエンザで42度の熱を出したときは、本来いけないと後で知ったのですが、座薬を3回続けて使ったり、母にうつさないようにしたりと気をつけていたら私にうつってしまいました。奮闘して気がつくとすでに1カ月以上。私は8キロも痩せていました。

転入の手続きで市役所を訪れたときのこと。娘はたくさん並んでいるパンフレットを欲しがるのです。それを渡さない私に反抗⁉ に出るのです。館内すべてに響き渡るほどの大声で泣きじゃくり床に寝転んで足を床に押し付けてひとりであお向けで移動⁉ すること100メートル⁉ ほど。手を焼く私に警備員さんがきて、誘拐? とでも思ったのか真剣な顔でいうのです。「お父さんですか? わかりました。よろしければすぐそこの会議室開けますので」と。私はパンフレットをいくつも握りしめ、しばらく娘の専用保育所長と化すのでした。

母親というのは本当に大変なものだと思います。外で仕事をしている

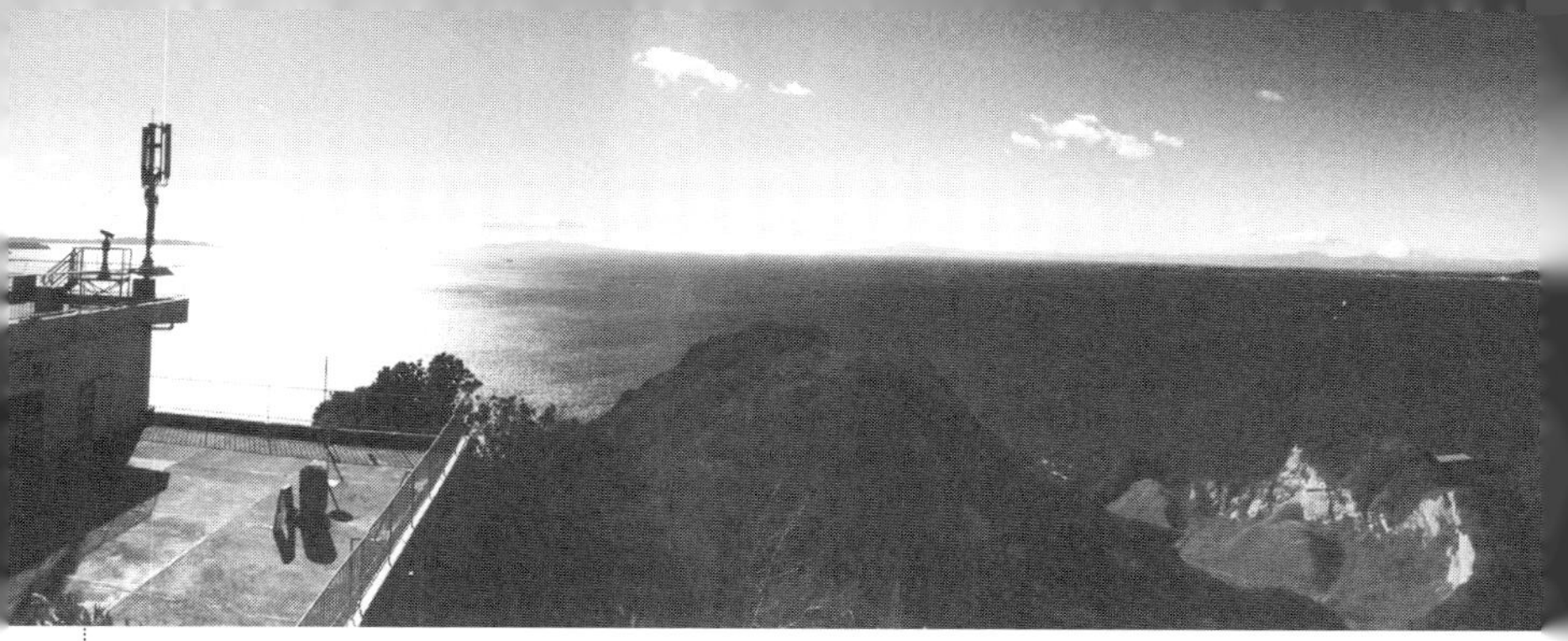

ほうがどんなに楽か。すべてが待ったなしで、常に何が起きるかわからない。しかも娘は自分の命よりも大切な存在なのです。全身全霊を傾けて相対すべき相手がいるということは、とてつもなく幸せであると同時に、自分が丸ごと試されるようなものでした。

末娘は2歳の頃から、毎朝神に祈る私の横で、一緒にお祈りしています。小さな手を合わせ「パパがちにまちぇんように」と。その拙《つたな》い言葉を聞くたびに「心配しなくていいんだよ。パパは天寧《あまね》が大きくなるまで死なないよ。ずっと天寧のそばにいるからね」といい聞かせます。「ダメ！天寧が大きくなっても、ちんじゃダメ」というので、また「わかった、わかった」と返します。こんな幼い子の心の中にある不安を取り除くべくいい聞かせる毎日です。

娘は6歳になりましたが、まだ毎日「パパが死にませんように」と。人の命はわかりませんが自分の長寿を祈るばかりです。

そんな頃、ときを前後して上の娘たちの母の癌が発覚。3人の娘たちとは父として変わらず親しい交流をしていたものの、彼女とは離婚後に1回しか会ったことがありませんでした。それでも、末期癌だと聞いて駆けつけました。

▶ 母と末娘

私が持参する「さんが握り寿司」を食べ、両手いっぱいの南房総の花を渡すと、花を生けるその瞳は澄んでいました。その瞳は若き頃出会ったときのものでした。彼女は2度目の抗癌剤を断り、自宅へ戻ることにしたのです。放射線治療で髪は抜け落ちていました。

長女は、妻が亡くなるまでずっと一緒にそばにいて、いつものお風呂会話が続いていたある日、いつものように私が訪ねた日の翌日。彼女は天に召されました。

娘たちと共にベッドの横にいると「なぜこの人と別れたのだろう」という不思議な気持ちを感じるのです。彼女が亡くなるまでの半年、病室に見舞い、自宅に足を運び、娘たちと共に看護をしました。私を見つめる瞳は昔のままなのです。上の娘たちと末娘の間には親子ほどの歳の開きがあります。が、ひとめ会った瞬間から、姉妹として仲よくなったのです。本当に不思議なものです。

ここでも、スタートから予想もできなかったことが次々と起こりました。そして西千葉時代では後述する青倉商店との出会いがあり、それが現在住まう南房総の地への移住へとつながるのです。結果的に移住は大成功だったと思います。末娘を「この地この手で育てる」決心をしたことで、

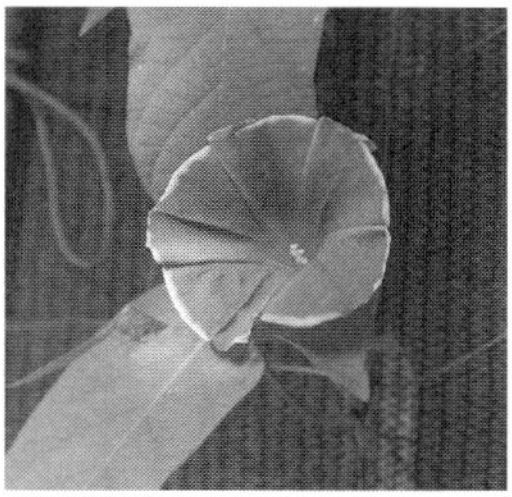

▶６歳になった娘が育てて咲かせた朝顔

◀岩井の海で元気いっぱいの娘

流れが変化したのかもしれません。六次産業化と福祉という複合ビジネスに必要なものが私には揃っていると思えたのです。しかしこういう場所は日本中にまだまだあると思います。

私は今、知的障がいの子と精神障がいを患い闘っている人たちと一緒に仕事をし寄り添う日々です。この手で末娘を育てることになったときに悟ったのです。「自分の子をしっかり育てられないようでは福祉支援の夢など遠い世界なんだと、天に試されているんだ」と。しかし大変でした。心から楽しい笑顔をくれた娘は私の命そのものです。その笑顔にどれほど助けられ元気になったことでしょう。世の中の男たちは損をしている！　と思うのです。育児の過程で私の膝は故障してしまい、サプリメントを飲む毎日ですが幸せなのです。娘は今、私たちの施設で一緒に仕事の手伝いをすることがあります。これがまたとても幸せなのです。

日本一の保育園との出会い

南房総への移住を考えた大きな理由のひとつは、末娘を育てるために

▶白鳩保育園の保育士の先生たちはいつも笑顔で丁寧に親切に子どもたちを見守ってくれている

最高の環境だと信じられたことです。娘と共にここに咲く。そう決意できたのは、ある出会いのおかげでもありました。

末娘が通い始めることになる白鳩保育園は学童保育を併設し、0歳から小学校卒業まで通してお世話になれる施設です。家や会社の候補地に近いということで何気なく下見にいったのですが、「ここに娘をお願いしたい。ここになら娘をお願いできる！」と直感しました。

園庭にも建物にも、素晴らしい気が満ちているようでした。そして何より、子どもたちの笑顔や振る舞い、それを見守る先生方の様子を見ていると、ここで過ごす娘の幸せな日々が目に浮かんできました。

たまたまいらっしゃった園長先生に入園したいと伝えると、すぐに笑顔でOKといってくれたのには少々驚きました。ですが、とてもうれしかったです。

今は亡き先代の園長さんの遺志を受け継いだ園長先生と先生方。皆さん愛にあふれ、教育者としての使命を胸に秘めて、日々、子どもたちに接してくれています。園では年長の子どもたちが年少の子どもたちを自然に世話しています。そういう世代間の関わりの中で、社会性を身につけ、他者を思いやる気持ちも身につけていくのです。

◀白鳩保育園
古山真理子園長

行事もとにかく素晴らしい。遠足や運動会、読み聞かせ会などの一般的な行事も盛んですが、運動会などは見物料をとってもおかしくないほど見せ場がたくさんあります。園外から講師を招いて、子どもたちを本物の芸術の精神に触れさせたり、高齢者の方々の施設と交流したりする機会も多数設けられています。「道の駅 富楽里とみやま」などでのイベントに参加したり、地域との交流も盛んです。農園もあります。

娘が骨折したとき、みんなで一緒に必ずしますからと約束してくれた運動会の演目を、卒園間近の春の日に全員で再度私に見せてくれたのです。娘は自分が中心だと思ったのか大喜びです。涙で目がかすんでしまって、娘が見えませんでした。

保育園から小学校6年生までをここで過ごした子どもたちは、皆、兄弟のように仲よく助け合い、中学生、高校生になっても何かにつけて園を訪れるといいます。子どもたちにとってここは第二の家庭であり、一緒に育った仲間や先生方は大切な第二の家族なのです。

世代間の交流や、地域を大きな家族として暮らすといった昔ながらの日本の暮らしは、失われてはならない、今後はより必要となるものだと私は信じています。白鳩保育園には、そういった日々の営みがあります。

ここにお世話になることができて、娘も私も幸せです。小学生になった娘は自由通園である土曜日も、「学童に行きたい。先生や友だちに会いたい」といって登園したがるので、親としては少し寂しいこともあるほどです。

白鳩の皆さんとの出会いに、私は心から感謝しています。日本の保育の原点であり、目指すべき姿がここにあることを感じるからです。未来を築く子どもたちを地域で育み守ること。愛情をたっぷりに、生きるための知恵と力を持ち、他者を思いやる人間を育てること。それを実際に実践している人々がいることに、大きな希望をもらうことができます。どのような形でかはわかりませんが、このような保育のあり方が伝わり広まっていければと、心から願っています。私の中の日本一なのです。

青倉商店との出会い

本格的に移住を視野に入れたときに、まず、この地にどんな会社があるのか、役立てる職種があるのかを調べようと思いました。そのために、人生で初めてのハローワークなるものに行ってみたのです。

すると、南房総市に工場と店舗があり、社員20名程度で食品事業を営む青倉商店の求人が目にとまりました。「『道の駅 富楽里とみやま』内で食品を製造販売する店の店長を求めています」。頭のてっぺんに更に⁉光が差した気がして、すぐに連絡をしました。しばらくして次期社長となる、当時は部長職で担当の青木さんから電話があり、「富楽里とみやま」のイートインスペースの片隅で会うことになりました。

ひと通り私の活動の経歴など書類を整えて話し始めると、逆に彼は会社の状況と自身の苦境を話し始めるのです。彼は婿養子として青木家に入りました。現在の経営形態になってから15年、奥様と二人三脚で息子を育てながら歩んできたのですが、その奥様を癌で亡くし、チャレンジした百貨店内への出店にも失敗して撤収したばかりといいます。気がついたら、話を聞き始めてから3時間ほども経っていました。後に本人から聞いた言葉ですが、「きっとこの人は自分を助けてくれる！」と感じて話してくれたようです。

その後、彼の義父である社長（現会長）と会います。開口一番に「青倉

(有)青倉商店

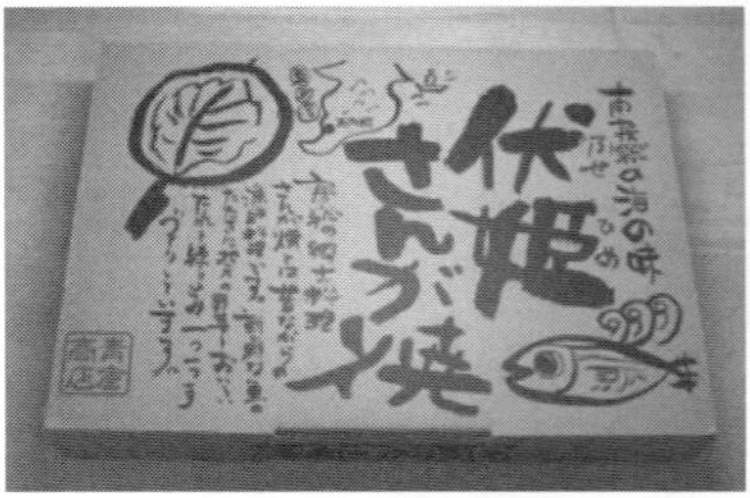

右上:青倉商店の「道の駅 富楽里とみやま」店舗。
地元の素材にこだわって作った「伏姫さんが焼」、手作り弁当、地元の魚の寿司。
近郊のお客様や観光客が、さんが焼きや手作り弁当を買おうと連日長蛇の列ができる。

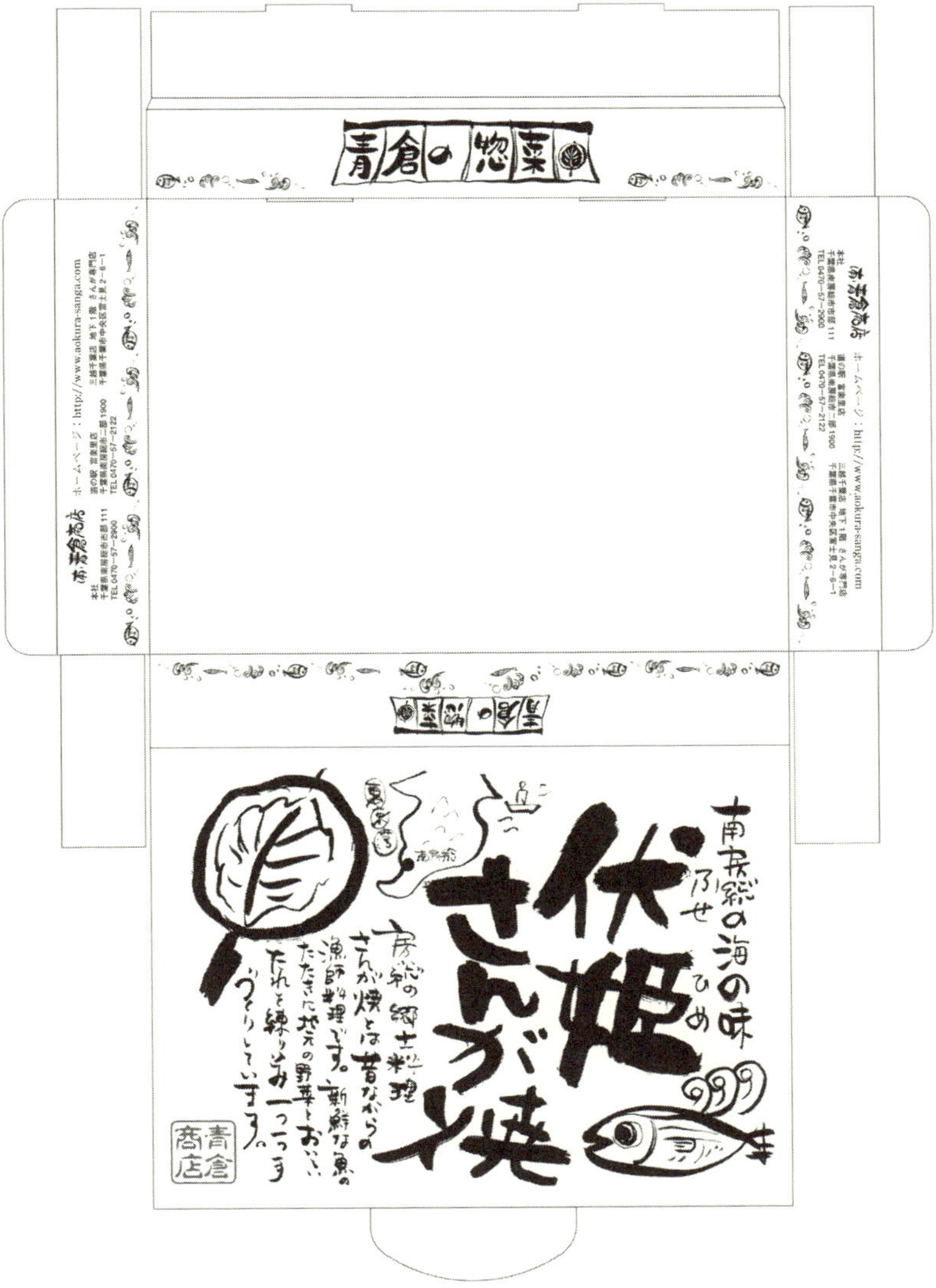

青木氏の今は亡き奥様の手書き文字で作った「伏姫さんが焼」のパッケージ

商店は営業外収入で経常黒字を維持しているが、実際は営業赤字からなかなか脱しない。会社の現場は息子に任せているが、どうかよろしく頼む」というのです。初めて会う人に。

数日考えたうえで、経営全般の指南として引き受けたつもりだったのですが、実際に現場を見るとこれが思いの外ひどい状況でした。

現会長は別の業界で成功を得てきた人ですが、食品製造事業を運営した経験はありません。娘婿の彼は結婚までスポーツの世界で生きてきた人物で、真っ直ぐな男ということはすぐわかりましたが、会社の経営や労務の管理は経験がなく、日々、現場の仕事に翻弄されていたのです。このような事態は、多分、日本の中小企業にはよく見られる実態なのだと思います。

亡き奥様が専務として軸となっていた時代、青倉商店はしっかりと利益も出ていました。奥様は私が出会った人たちの中でも特に素晴らしい人物でした。店舗で目を引く「伏姫さんが焼」の文字、各種ＰＯＰやプライスカードは、奥様が手書きで遺したもの。ひとめ見て心に残る魂のある文字に私は惚れていました。奥様の生き様が映し出されているように感じられて「これは彼女が結んだ縁か？」と思うようになったのです。

入社初日、社員に挨拶しても返ってくるのは熟練者数人の返事だけ。このままでは近い将来、食品事故を起こしてもおかしくない状況だと危機感を持ちました。とにかく汚い作業場で、5S活動（整理、整頓、清掃、清潔、しつけ）にはほど遠いのです。ある者はスリッパで工場内外へ平気で出入りする始末。おまけに煙草の吸い殻はその辺にポイポイ。

私の初めての仕事は、油が染みこんだトイレの掃除。そして、皆の休憩室といわれていた部屋のカビ取り掃除でした。ひとりで黙々と掃除をしていると、熟練社員のひとりが「そこまでするの？」といいながら、少しずつ手伝い始めてくれました。山本五十六の言葉通り「やって見せ、言って聞かせて、させてみせ、褒めてやらねば、人は動かじ」です。

若くして天国へ召された奥様の墓参りをし、心の中で報告をさせていただきました。青木氏と共に、また末娘と一緒に、何度も手を合わせに参りました。こうして青倉の経営改革を始めたのです。

弁当配達から製造まで、ほぼすべてのことをしながら経営改善を進めるのですが、その改革の柱は次期経営者の指南にあったのだと、今でも思います。叱咤《しった》激励の場面も多々ありましたが、真剣に真摯に取り組んだのは、きっとここに未来があると思い「ここで咲く」という強い意志が私の中にあったからなのだろうと思います。

また、彼もそれを受け取りました。

現在は、HACCP基準を満たす工場として地域保健所の承認をもらい、当然ながら上下完全な製造服で帽子にマスク、手袋を着用しての作業となっています。2018年の春に青木氏は代表取締役となり「1円を見逃さない経営感覚」を磨くべく歩み始めました。私の父も常日頃から「1円を粗末にすると1円に泣く」と申していたものです。

若社長は45歳になるまでパソコンのパの字も活用しなかったのですが、そんな男がパソコンを駆使して原価管理、生産管理、在庫管理をあっという間に習得しました。社員に向かう彼の言葉には自信がみなぎるようになったのです。「できるわけない。どうせ途中であきらめるだろう」という気持ちで見ていた人も多かったでしょう。しかし、やろうと決め、情熱を燃やして取り組めば誰にでも、いつからでもできることなのです。

私が常々彼に伝えてきたのは、「あなたには純粋なる人を愛する心がある。その想いが志の炎となれば、道具などいつからでも習得できる。大切なのは利益という糧を積み、人と社会のために活用する道を自身の胸に刻むこと」でした。

今では皆が彼の背中を見て、着実に歩み始めました。正直、私自身この歳で3年の間情熱を投下し続けることは至難でもありました。しかしいよいよ企業として歩み始めたチームの面々。うれしい限りです。

難関の稼働分析をして、基本週休2日制へ移行するチャレンジも始まりました。

会社経営でもうひとつ大切なことを申せば、月次決算書で分析管理の支援もきちんとしてくれる会計事務所を選定することです。毎月の数字が正確に見られなければいけません。心折れそうになる事態もたくさんありましたが、私の中に眠っていた福祉複合事業への想いがそれを支え、ここからさらに加速していったのだと思います。

煙草の吸い殻ポイ捨てに徹していた⁉　かの社員もすっかりやる気となり、胸を張り仕事に立ち向かって、近未来の役員候補としてバリバリ活躍しています。

私はどうこうしなさいといったのでは無いのですが、彼自身の中にある夢に向かう心をちょぃと方向修正してその思いを引き出しただけなのです。

勿論その資質ある人材であったことは間違いありません。

すべての場合でその人の不安を解消してあげる積み重ねが大切です。彼は私の持てるすべてを伝授してあげたいと思うひとりです。まぁ私とはふたまわり下ですから、生涯得られなかった息子みたいな感覚も何処かにあるのでしょうか。次期サポーターが育つまで私は指南役としての役務を続けますが、バトンタッチもそう遠くないと思っています。

郷土料理のポテンシャル

1章でも触れましたが、「伏姫さんが焼」は日本食の中でも究極のファストフードです。南房総の人と風土が、魚と野菜と日本の醸造文化を駆使して生み出した傑作です。

その源流を大切に青倉商店は改良を続け、ほぼ県内生産者の顔の見える原料を使って無添加で製造し、有名ホテルのシェフにも、「うまい!!まだこんな商品が眠っていたのか」といわせる実力のあるものに仕上がっています。青倉商店の伏姫さんが焼は、これから一層の躍進を続けるでしょう。

◀「伏姫さんが焼」を道の駅 富楽里とみやまで販売する青木氏と中塚氏

この秋には10年に1度の工場店舗の増床と大型機械の導入計画のすべての段取りを整えます。銀行交渉を終え長期プランを整え新社長の手に移行し、その努力に期待するところまできたのですから、「石の上にも三年」の大きな節目を越えたと思っています。

道の駅の店では、手づくり弁当や「さんが焼き」目当てに行列ができることもあります。周辺の安い弁当屋さんでは450円くらいから弁当が買えますが、青倉商店が道の駅で販売する、いわゆるご当地弁当は600円、700円します。寿司も、1000円~1300円します。けれどお昼どきには行列ができて、ほとんど毎日完売します。

素材にこだわっているので、食べてもらったら「スーパーで買ってきた肉や野菜とは違う」とわかります。ご当地の素材を活かして、丁寧に加工し仕上げています。大手と同じやり方、同じ素材を使っていたら絶対に勝てません。産地仕入れから加工、流通までのコストとなるとまったく違ってきます。同じことをしていたら、数の力には勝てないのです。

ですから素材に差をつけ、加工にも差をつけます。オートメーションなら安く大量に加工できますが、手作業では価格や量では勝負にならないのです。けれどそこには手作業ならではのよさがある。できる工夫もある。知恵を集結して勝負すればいいのです。ときには道具も自分でつくります。

すべての人に多くを受け入れてもらうことではなく、「わかる人」、「求めていただける人」に販売するという考えです。素性のはっきりした素材を使い、顔の見える人たちの手作業で、場合によってはカスタマイズも可能。一般的なコスト重視の大手の商品よりは2割程度高くなったとしても、それでもこちらがいいという人が多くいるのです。

地域に流通したら千葉県内、そして県外へ。さらに商圏が広がり、大量生産が必要になれば、大手食品メーカーのラインを活かす手もあるでしょう。そのときは、主役はこちら側ということですね。

食品開発の難問をクリアするには

人が健全に、安心して生きていくために、なによりも優先されるべきは食の安全です。私もそう思っています。素性のしっかりした素材を使うことを基本に、加工の際にも細心の注意が払われなければなりません。

自分たちで注意するのはもちろんのこと、利用者に安心してもらうために、説明責任として、それを証明できなければなりません。

青倉商店の加工場がＨＡＣＣＰ手順として地域の保健所の認証を受けたことは前述しました。ＨＡＣＣＰとは直訳すれば「危害要因分析重要管理点」。食品の製造・出荷の工程で、どの段階で微生物や異物混入などの異変が起きやすいかを予測・分析して、被害を未然に防ごうというものです。製品の抜き取り検査による安全確認を、異常のある製品を流通させないためのものと考えれば、ＨＡＣＣＰは異常のある製品を発生させないための仕組みといえるでしょう。

アメリカで生まれたＨＡＣＣＰは世界基準であり、国内にも複数の認証機関があります。いずれの認定を受けても、世界基準で安心・安全が保証された食品加工事業者だということになります。

しかし、安心・安全が保証されたからといって、それだけでよいわけではありません。思ったような製品ができるわけではありません。管理と製造の２軸構成が大切なのです。何よりも人に愛されるものづくりが大切です。冷凍に向く食品もあれば、レトルトに向く食品もあります。どんなに試しても、レトルトでは、冷凍ではうまくいかない食材もあります。

冷凍の素材を使って自分で料理をしたい人もいれば、半調理品が便利という人もいます。手軽なレトルトを求める人もいます。弁当や総菜などは、加工製造することは簡単ですが、日持ちがしないという問題もあります。

地域にある素材の特性と、利用者の利便性を考えたうえで、最適の製品を開発する。これは非常に大変なことです。

レトルトは常温で長期保存が可能で、手軽にあたたかい食事が楽しめる利便性の高い製品です。ただし、機械が非常に高額なことが問題でした。

最低でも設備投資額は2000万円程度もします。そのため、私たちのような個人や中小メーカーでは、なかなか手を出せないのが現状でした。それがここにきて、安全面などで必要なすべての機能を備えたうえで、手が届く価格の小型の機械が登場したのです。ただし、普通は1回の処理で何百個・何千個単位というふうにつくるところを、50個程度しかつくれません。でも私たちにはそれで十分。むしろちょうどいいくらいです。

地元の食材を使って開発を進め、量産になれば、そのレシピを大手メーカーに持ち込んでその通りにつくってもらいます。開発と量産は適宜うまく分担すればいいのです。同様の施設が増え、全国連携産業となればなおよしです。たとえばスープ。すでに大手に外注をして、製造してもらっています。現場では水と塩を入れるだけで完成するのです。だから中小でも最小の人員で効率よく、大きな売り上げを確保することができるのです。

商品の差別化には生産者にも購入者にもメリットが〝三方よしの道〟

地元の弁当で人気の青倉商店の「さんが焼」は、東京ディズニーランドのオフィシャルホテルや大手リゾートホテルのバイキングなどでも提供され、人気料理のひとつになっています。

「勝山東京ベイサーモン」は、地元である勝山の海で養殖している銀鮭です。浦安から幕張にかけて立ち並ぶホテルで、さまざまなメニューに利用され始めました。ノルウェーサーモンと肩を並べて、クリスマスコースのメニューや、スモーク、マリネ、クリームパスタ、ワイン蒸しなど、各

▶鋸山から望む鋸南の海

ホテルのコックが腕を振るって自慢料理に仕立ててくれます。

養殖銀鮭として売っているだけでは、このように展開できたか疑問です。東京ベイサーモン。地域性を打ち出し、きちんと管理された養殖の魚ということで、顔の見える安心・安全も差別化できる要素になります。その地域のホテルにとっては、地元の特産品を積極的に取り入れるということで、他の地域との差別化が図れます。

南房総へきてたまたまスーパーで売っているのを見かけた生のしま鯵。めずらしいと思って聞いてみると養殖しているといいます。つまり1年中、東京湾で育った生のしま鯵が提供できるということ。これは料理人にとっては素晴らしい可能性です。

魚の餌も調べ、イワシなど天然の飼料であることをPRします。

地域で当たり前に食べられてきたもの、使われている素材、手に入る海の恵み・山の恵みも、名前のつけ方やパッケージのビジュアル、道の駅などでユニークなレシピをつけるといった工夫で、話題になったり、売り上げが大幅にアップしたりします。

それぞれの商品のよさをアピールすることは、顧客にとっても、舌や記憶に残る体験や、話題にできるようないい出会いを提供することになります。

昨年から始めた「青唐さんがみそ」の商品に入れる青唐辛子は県内の生産者と契約していますが、今年は2トンレベルとなり、成長商品となりました。生産者側の稼ぎも夏の数カ月で150~200万円となります。三方よしの歩みですね。

配食サービス&レトルト総菜おかずが高齢者と障がい者を救う

食事をつくるのが面倒。献立をうまく考えられなくなり、栄養状態が低下する。料理ができないので、出来合いのものばかり食べている。そんな高齢者に、昔ながらに慣れ親しんだ地元の素材を使った、あたたかい食事を届けたい。しっかり栄養のある安心・安全な食事が手軽に食べられるように。

先にも申しましたがお弁当を届けることや、レトルト食品を配食すること。それらは安否確認にもつながります。田舎ならではのメリットとして、日々届けるお弁当であれば、利用者それぞれの好みや事情に合わせてカスタマイズすることもできます。

病院や施設では、たとえば肉は食べられないとか、味つけを薄くといったように、各人の事情に応じた食事が用意されます。私たちのお弁当も可変多品目でそれが可能です。大量生産ではない、毎日地元の人の手でひとつひとつ手づくりするお弁当だからできることです。

好みや気分によって選べます。

好きなときに好きなものが食べられます。

食品の加工には、地元の人に加えて障がいのある方を雇用支援します。そうすることで、彼らも自分の手でお金を稼ぎ、自活できる手段を得ることができます。毎日一緒に働いていれば、見守りも自然とできます。

私たちの事業所では、加工だけでなくお弁当の配達も障がい者の方と一緒に行きます。お年寄りのゆったりしたペースと障がい者のペースは合うことが多いのです。時間に追われて次々に配送をこなしていくという形ではありませんから、ちょっとお話をしたりして、それが互いのいい刺激、楽しみになっているのです。

障がい者支援の仕事と融合することで、民間の食品事業の構図とは違う考え方で収益を確保することができます。コストや人件費を下げて利益を出すという商売ではない。いいものを使い、きちんと丁寧につくり、それなりの価格で販売する。それがビジネスとして成り立てば、いろいろな問題が解消します。

何よりも通所利用の障がいと生きる人の応援として、プロの高収益工場が工賃（報酬）アップへと導くことが大切なのです。

道の駅や行政施設とは互いに連携を

全国に点在する道の駅は、同じ立場として互いに連携しているように思えます。ところが実際はほとんど連携がとれていません。各々、近場の道の駅同士がつながっていることもありますが、それはたまたま意識が高いスタッフや担当者がいたからでしょう。

国は、道の駅を開設するための基準は厳しく設けていますが、それらがより効率よく機能し、収益を上げ、利用者にも便利になるような仕組みづくりにはまったくタッチしていないのでは？　と思うのです。

そのため、人気が高く、訪れるのが楽しみな道の駅もあれば、いつ行っても閑古鳥が鳴いているような、利用する立場としても魅力を感じられない道の駅もあります。国の基準を満たした、立派なハードがあるのにもったいないことです。道はつながっているのに、そこにある道の駅が分断されているのはおかしなことです。

道の駅にきちんとした連携システムがあり、生産者グループもまとまって、互いにイベント販売や受託運営などを担えば、全国の道の駅を商圏にすることもできます。他地域との交流にもつながります。

その思いで、ある一定の商圏を確保して育てていくと、同じように展開する全国の地域事業が連携できます。共同生産だって夢ではありません。道の駅だけじゃない。ホテルやミュージアムといった新しい商圏を確保していけば、広がりは加速度的になるはずです。

そうして全国的な規模でつながり、ビジネスのアイデアや開発した商品を届ける場があれば、横の連携は世代間の連携へとつながっていくでしょう。広く長く継続できるビジネスであれば、勢いを増しながら次世代に引き継いでいくことができます。ビジネスの運営・継続に欠かせない次世代への継承も連鎖的に叶うのです。

道の駅の未来展開についてあるべき姿ですが、全国道の駅の未来へ向けた取り組みとして六次産業化と福祉を融合することはとても大切なことであると信じています。

事業の相棒はしっかり見極める

人生のパートナーもちろんですが、事業のパートナー選びも非常に重要です。自分を賭ける事業は人生と同じようなもの。どのように設計していくかと同時に、誰と共に進めていくかを間違えては破綻します。仮面夫婦のように、たとえ破綻させずになんとかやりくりをして事業を続けていけたとしても、さまざまな面での損失は避けられません。

たとえば地方再生事業。現在いろいろな形の補助金が用意されています。地方のビジネスを活気づけるために用意されたものなのですから、積極的に利用するべきです。相談があれば、適切な形での補助金の活用を勧め、アドバイスやサポートもしています。

忘れてはいけないのは、ほとんどの助成金は期限つきということです。

立ち上げを助成し、期限内に軌道に乗せて自力でやっていけるようになりなさいというもの。つまり、きちんと自力で立てる経営計画がなければ、助成金頼みの事業はうまくいきません。

事業は社会に貢献し、自分も社会も幸せになるためにするものです。規模や業種に関わらず、事業とはそういうものだと思います。その目的を叶えるため、大企業には大企業のやり方があり、中小企業には中小企業のやり方があります。

これから地方でスタートする事業であれば、小規模でも地域循環することが、その究極の目的を叶える近道だと考えています。地域から仕入れる。生産が安定しないもの、高いものでもその旬を活かした開発や、設定販路を絞りつないでいく。在庫と資産を徹底的に管理する。仕入れたものは、できるだけ早くお金に変える。労働生産性、採算性にもシビアにならなければいけません。食品会社をするからといって、仕入れや製造のことだけ考えていればいいというわけにはいきません。

そんなときに気をつけなければならないのがコンサルタントという面々です。もちろん信頼できるコンサルタントを見つけて共に歩むのはいいことです。メリットもたくさんあります。

ここで共に歩むといいました。コンサルタントと自称する面々の中には、依頼者が用意した書面の数字だけを見て、一般的な意見をもっともらしくいうだけの者も少なくありません。1円もムダにできない事業の中で、安くはないお金を払い、数字だけ追っていいたいことをいうコンサルタントの意見に右往左往する。これは貴重な時間とお金と労力のムダ遣いです。

事業支援者として選ぶなら、一緒に動いてくれる者を選ぶこと。一定期間は行動を共にし、身をもって、自分を削って一緒に事業をスタートしてくれる支援者であれば、サポートを受ける価値があります。

少なくとも現場検証を一緒にしてくれるような相手を選ぶことです。主役は皆さんなのですから。

夢の集大成、障がい者グループホームの開設へ向けて

地元の食材を使って弁当や総菜をつくり、高齢者宅に届けたり道の駅などで販売したりする。レトルト食品加工も広げていきたい。すでに稼

働している自社の食品加工所では、障がいのあるスタッフにも働いてもらっています。今は通いできてもらっていますが、私の念願だった通勤寮という形のグループホームが開設に向けて動き出しています。ほかの土地からの移住も可能になります。

障がい者が共に暮らし、一緒に働いて利用者も自分で収入を得る。そういった場があれば、障がい者の自立へ向けた可能性は広がります。意欲や力を持った人たちがいるのに、たまたま障がいを持って生まれてきたということで、多くのことが制限されてしまう。そんな社会はおかしいと思います。

誰もが同じように、自分のできること、したいことをしながら他者に貢献し、それで収入を得て生きることができる社会。それが当たり前になればいいと思っています。人々の意識が変わる必要がありますが、システムを整える必要もあります。どちらが先ではなく、できることを続けていくだけです。

私も年齢を重ね、いろいろなことを、これまでよりは広い視野で見渡せるようになってきました。何かを経験するたび、憤ったり感激したりして歩んできましたが、常に今を見て、自分の立場から一歩下がって、少し客観的に見渡せるようになることが大切だと思っています。

異業種の方や行政の人々など、立場が異なる人と話す機会があると、また違った現実が見えてくることもあります。将来は、障がい者の働く施設に地域の企業を誘致して、たとえば1階は食品工場、2階はクリエイティブな活動ができる場所、つくったものや地元のいいものを販売するコーナーもあるなど、ゆくゆくは、ひとつの街のような機能があるといいと思っています。その中に養護施設や保育園、高齢者の施設も併設できたら……。

高齢者専用の長期滞在ホテルはどうでしょう。ホテルに暮らし、元気な人は弱った人の手助けをする。他者の役に立つことは生きがいにつながります。もちろん、それを義務にしなくてもいい。

長年住んだ自宅を処分して、船旅をして暮らすお年寄りに会ったことがあります。船が終の住処だといって、十分なサービスの中、悠々自適に過ごしていました。それは特別な富裕層でなければ難しいかもしれませんが、普通の人でも利用できるそのような施設をつくることも可能なはずです。

足元の小さな施設から始めて、うまくシステムが回るようになったら大規模化していけばいい。廃校になった学校施設は、どこの田舎にもあるのではないでしょうか。校庭には畑をつくり、住みながら野菜をつくる。みんなで食品を加工する。まさにみんなのための家です。加工した食品は販売してお金に変えたり、地域の高齢者への配食サービスを行ったりします。

補助金などの適正活用も大切。ハードを整え、ソフトと組み合わせて活用していけば、一石で何鳥にもなります。ここに入りたいと選んでもらえる施設にすれば、全国から人が集まるでしょう。そしてそれがビジネスモデルとなり、地方創生のモデルとなり各地に広がっていきます。

事実、北に南にそういう成功事例となる施設があるのです。

この社会に生きている人々が、分け隔てなく一緒に生活し、働き、楽しめる場所があったら。それが社会全体で当たり前のものになったら。とてつもなく遠い夢物語なのかもしれません。けれど、遠いからといって何もせずに留まっていたら、永遠に近づくことはできません。

自分だけでできなくてもいい。仲間がいる。それぞれの活動に志を同じくするチームがある。そしてそこから次世代につながる出会いがある。そうして継承していくことに意味があるのです。ビジネスを継承するということは、理念を継承するということ。一歩一歩進んでいけば、時間がかかっても近づいていくことはできるはずです。

人生は一筋縄ではいきません。誰もが一人ひとり、自分だけの物語を生きています。どんな人生もその人だけの唯一無二のもの。それをどう紡いでいくかは、すべて自分次第です。誰にでも平等な時間の流れの中、自分に与えられた時間はどれだけであるか。それは誰にもわかりません。その中で、自分の使命を見つけられた私は幸せです。自分の目指すもの、志に従って、家族や仲間と共に歩んでいける私は、その感謝を胸に、これから先も、どんなことがあっても諦めずに夢の実現を目指していくでしょう。

ここからまた次の一歩へ。

夢はどこまでも広がり、その道は果てしなくつながっていきます。

次の世代へしっかりと継承するものとして。

鋸南町の佐久間ダムと桜

第7章

Local area Business

すべてが必然
偶然に思える出会いが織り重なり私を支え、今に導いた

means “FOREVER”

必然の出会いを見逃さない

自分の立っているところから周りをよく見てみる。周囲の人々の話をよく聞いてみる。自分の生き方や感性とはまったく違う人たちもいます。同じようなことを目指している人もいます。別のことをしていても、考え方は同じ人もいます。

そうやって出会ったり紹介されたりする人の中には、未来永劫手を結べる人たちが必ずいると思います。

その出会いをどう活用するか。どうお互いで共有し、どう手を携えて進んでいくかということを考えていきたいのです。

自分の枠の中だけに凝り固まらず、ときには理解が得られないことも恐れずに、人と会って話す。違いや疑問が生じたら一歩前へ出る。相手方に歩み寄ってみるのです。

そこから得られるもの、生まれるものは無限です。自分の頭だけで思いつくこと、考えられること、自分の身体だけでできること、自分の命も有限です。人生でできることは限られているのです。

私は出会いにチャンスを見出し、一緒に仕事ができる、考え方を分かち合える、直接、間接的に協力し合える人々と、腹を割って話し、何ができるか模索してきました。

そうしてチャレンジを続けてきました。いろいろ失敗もしてきたけれど、縁の中から得られたこと、助けられたことがいっぱいあります。私ひとりでは、倒されてはまた立ち上がり、あきらめないで歩み続けていくことはできなかったでしょう。

この章で紹介する人々は、誰がいなくても今の私はなかったと思える人たちです。本書の出版にあたり、わがままをいって原稿を寄せていただきました。想いが伝わる素晴らしい言葉の数々を頂き、それだけで十分ではありますが、皆さんからの言葉の後に、私からの皆さんの紹介を多少入れてあります。

始まりはいつも出会いから。偶然に思える出会いも必然なのだと、皆さんへの感謝の中で実感します。そういう縁が私にだけあるわけではなく、誰にでもあります。ないという人は見逃しているだけなのです。

▶岩城祐子さん

岩城祐子さんより

社会福祉法人　創生（土支田創生苑）
シルバーヴィラ向山創業者　会長

私が中塚さんと出会ったのは、忘れもしない２００７年の2月のことです。折しも任せていた秋田の会社の社長が1月末日に家族を連れて夜逃げしてしまい、支払い対応や諸々のことに大変だったときなのです。当時、秋田の会社で人参ジャムをつくっていたのですが「何とか宣伝して売らなきゃ！」と首都圏の団地新聞社にタダで掲載してもらおうと要請していたのですが、その取材で訪れたのが彼でした。

当初は新聞社の編集部長さんが定年退職するとのことで白羽の矢を立てていたのですが、よく考えると食品のプロでもないし経験もない……。1度一緒に秋田に行ってもらったときに「これは難しいかなぁ～」と感じてしまいました。その後中塚さんを推してくれて「そうか!! あのときの彼だ!!」と直感めいたものを感じたのです。

お聞きしてみると彼は料理人。神田で産直食材を活かした創作料理の店もやっていて、商品開発と販路拡大の応援をしているとのこと。「実は私は一目で惚れていたのです!!」。こりゃもうほかにはいないと、まずは事業計画を依頼しました。確かその年の5月だったと思います。一緒に秋田に行ってもらいました。そのときはもう逃しちゃならん！　と、会う人会う人に「この方が今度の社長です!!」と紹介しておりましたね～(笑)。

その後着々と事業は発展しました。地域の皆様にもとってもよく応援していただきました。彼のお人柄でしょうね。神仏を信心する姿勢や、人を大切にする事業を目指している。その思想にお仲間は増えるのですね。今も感謝しています。

お江戸の時代、岩城家は亀田藩二万石の領主でした。しかし私が嫁いだときは本当に困窮の中でした。秋田は旧領のご縁で随分と応援もご寄付もいたしましたが、私は54歳で東京の練馬に日本初「高齢者専用長期滞在型ホテル」として有料老人ホームを開所して現在に至り、なかなか秋田へは行けません。どうしても任せられる社長がほしかったのです。

最初の方は行政の方からの紹介でした。大変なことになり1億円近い負債となりましたが、彼を憎む気持ちはございません。いろいろと私に話しにくかったのでしょうね。ご家族へも申し訳ないことになったと今も思い出すと切ないです。大正13年生まれの私ですから、もうなかなか動けません。昨年秋には、小脳の脳梗塞で倒れましたが、まだだと地獄の閻魔様はお戻しになられ……まだお迎えが来ません（笑）。

中塚さんにお願いした会社は岩城町のお母さんたちを応援するためでしたが、彼はそのこともよくわかってくれていて、地域活動も本当によく動いてくれました。

会社は発展し、数年後には1億円規模を超えて直営店も6店舗となりました。その後参入したレトルト食品の分野で「おかず箱」を開発したのです。私は彼にこう申しました。「老人ホームに入りたくても待っている間にどんどんご自宅で孤独死するお年寄りが増えています。何とか自宅へご訪問して暮らしのお手伝いやお話し相手になれないかしら？」と。そうして、レトルト食品をたくさん配置して、使った分だけお支払いいただく仕組みを考えたのです。

残念ながら、2011年3月、全国展開を発表して歩み始めた、まさにそのとき！　東日本大震災が起きました。その後の向かい風は中小企業には耐えがたいものでした。2年ほどは奔走努力したかと思いますが、その後工場を譲渡し、最少人材を残し転籍してもらい、会社は倒産の手続きとなりました。

それでも私は、彼と出会い彼の努力とその姿を見て参りましたし、心の隅っこにひとつの塵もなく、後悔しておりませんのです。彼の人生には「女運に恵まれない!?」ところがありましょうか。その一番が私だったのかもしれませんね(笑)。

人生のすべての事柄を糧にして、失望感なく乗り越える生き方。私も老い先短い? ですが、お迎えがきても、天国へ? 行っても応援しています。私との悪運!? も乗り越えて、新天地で起業し、夢であった福祉事業への参入を果たしたのですから、ホント素敵で素晴らしいことです。

著者より

岩城さんの底抜けの明るさ、パワフルさに出会い、私も新たな一歩を進めたように感じます。女運の悪さ? はわかりませんが、岩城さんの紹介で新たな家族をつくり、大事な末娘も誕生しました。感謝してもし足りません。

女性が自らの意見を堂々と主張し、自らの足で立つことにかせがあった時代。岩城さんはそんなことをものともせず、信じる道を、人々のために突き進んできました。かつてのお姫様でありながら、現代では困窮を極めた家を支え続け大成功へ導きました。

女子学生専用の学生寮、忙しい人でも素早く免許が取れる免許センター、高級ホテルのごとく思うようにしつらえた自宅で過ごすように、生涯自分らしく暮らせる老人ホームなど。今となっては当たり前のものがなかった時代に、岩城さんは先見の明でそれらの事業を築き上げてきました。

今思うと一緒に歩んだ年月が楽しくさえ思います。多くのご縁をありがとうございます。

しばらく具合を悪くされていたということで、ずっと心配し回復をお祈りしていました。信じていた通りにお元気になられて本当に安心しております。どうかこれからもずっとお元気でいてください。

山口光男さんより
株式会社システック秋田事業所・統括

　中塚さんとの出会いは、私のその後の人生を変えました。それがよいことだったのか、悪いことだったのか（笑）。冗談はともかくとして、それはこれからの私の志と生き方で決まるのだと思います。

　中塚さんが秋田で『岩城のかあさん』の事業を再建しようというとき、私は梱包資材の営業マンでした。会社の仕事はやりがいがあり、毎日意気揚々と働いていました。そんなときに、取引先（お客様）として中塚さんと出会ったのです。営業マンとお客様ですから、最初は業務上の普通のお付き合いでした。しかし、中塚さんの人柄でしょうか。いち営業マンとしてだけでなく、どんどん付き合いが深まっていったのです。

　仕事上の無理も聞かせていただきました（笑）。そういった対応を見てくださったのか、岩城のかあさんを一緒に大きくしていこうと誘われたのです。会社を辞めるまでには1年ほど悩みました。その1年は、中塚さんという人を見極め、また自分の想いに向き合う時期だったのかもしれません。

知るほどに地域貢献や福祉に尽力しようとしている熱い志を感じ、1度は福祉の道を目指して東北福祉大学で学んだ私は「この人と共に歩んでみよう」と決意するに至りました。

それからは全力投球。高齢者の生活支援ができる食品企業とするべく奔走しました。もともと営業は好きな仕事です。自分が信じる道のためですから、なおさら熱が入ります。将来的には障がい者の支援事業とも融合することも視野に入れ、農業生産活動含めたまちづくり支援のNPO法人も立ち上げました。『おかず箱』や、トマトベリーなど、いい商品を開発していたので、営業先でも喜ばれました。道の駅などにも次々と導入していただき、売り上げを伸ばしていったことが懐かしく思い出されます。

しかし一転、東日本大震災では、馴染みの土地、親しい人々が多くの被害に遭いました。一瞬にしてたくさんのものが、命が失われていった。そんな茫然自失の中で、共に津波の映像に涙し、ボランティアの炊き出しに駆けずり回りました。

共に歩んだ道、なんとたくさんの心を動かす出来事、忘れられない時間を過ごしたことでしょう。会社が倒産し、中塚さんは末娘さんのことを考え千葉を拠点に清算対応を。私は秋田に残って倒産に関するさまざまなことを担当しました。そうして今、かつては『おかず箱』のＦＣ代理店であり、倒産した岩城のかあさんの工場を引き継いだ株式会社システックに、私は責任者として勤めています。

あっという間に5年が経ち、中塚さんが南房総で再起を果たしたことをうれしく感じています。今後、どのようなつながりになるかはわかりませんが、同じ未来を見た者同士、関わりは続いていくでしょう。中塚さんの夢である地方貢献と農業、福祉の融合が、やがて大きな実をつけ全国に拡大していくことを祈っています。

著者より

山口さんとの思い出は、ここに書ききれないほどたくさんあります。東日本大震災のとき、秋田から東京に向かう車中、東京で動きが取れなくなった私に代わり、母や妹の安否を確認してくれ守ってくれたこと。どれほどに感謝しても足りないくらいです。

中でも思い出深い出来事を記しておきます。東京の障がい者の通勤寮から20人程度を招いた日、彼らが生まれて初めて秋田にまできたときのことです。私と縁のある施設の担当者の発案でした。

港で釣りをさせようと全員の仕掛けをつくり、絶対に釣らせるぞ!!と。港で釣り始めたら地元の人達が場所を空け、彼ら彼女たちの応援指導に回ってくれました。手を取り一緒に楽しみました。何と全員が魚を釣り上げたのです。

夜は日本海に面する、道の駅岩城町のコテージの芝生の庭。夕日に波音、絶景です。支配人の粋なはからいで「特別に部屋のイスやテーブルを出してもいいよ」と。感謝でした。

山口さんは取引先から仕入れた秋田由利牛の高級な肉を焼く係で、私は目の前でタイとヒラメを捌いて見せました。大歓声!! 彼は焼き肉の煙が入ったと、目からあふれんばかりの大粒の汗をかいていました。「目も汗をかくんです!!」なんていいながら。本当に心やさしい男です。

秋田の会社の清算時には本当に苦労をかけました。私との縁に後悔もしたでしょう。私も必死で諸々の清算業務に当たっていました。彼も相当にへこたれてもいました。

月日が流れ、彼が「今度もしもですがね。同じことがあったとしたら、最後の最後まで支えます」といってくれた言葉。うれしかったです。

これからの未来はまだ未知数ですが、私の願いは、もう1度会社として個人としてできるなら株式会社システック梶村会長とも協力し合い、未来へ向けての夢を追い、融合し、彼が南房総でも全国へ広める仕事としても一緒に歩めるようになることが願いです。苦楽も夢も一緒に生きた男です。私の生涯の友でもあります。

東達也さんより
株式会社ライフサポートピュアジャパン　取締役

中塚さんが南房総に移住して再起を果たす。その地で私を待ってくれている。それを知って長く考えることもなく「行こう！」と決意。秋田から移住して参りました。秋田で大手全国チェーンスーパーに勤めていた私は、営業から人事まで一通りの仕事を経験した後、そのスーパーの経営難にあたって退職を決意。そこで山口光男氏の紹介により中塚さんと出会いました。

そうしてスーパーを退職した後、中塚さんが再生を進める『岩城のかあさん』の事業を手伝うこととなりました。地域に根ざし、地元のお母さんたちの雇用をサポートし、安全な食を人々に、高齢者に届ける。ビジョンのしっかりした素晴らしい事業で、直営店も6店となり、その統括をしていました。楽しい思い出も多々です。その後、東日本大震災。撤退を余儀なくされました。残念ですが仕方のないことだったと思います。

その後、しばらくは中塚さんを補佐して倒産の整理などを手伝い、たったひとつ残った岩城のかあさんの店舗を引き受けて運営し始めた私でしたが、自分の中で大きなものを失った喪失感を払拭しきることはできませんでした。ですから、中塚さんに再び誘われたとき、迷いはありませんでした。

移住当初はまだ事業がスタートするかどうかという頃。私はとりあえず地域の耕作放棄地のような畑の管理を引き受けて、野菜をつくることからスタートしました。初めての経験です。わけもわからないまま、周囲にならって玉ねぎを植えることにしました。1球1球、手で植えていくのですが、畑が広すぎて全然植え終わらない。後で聞いたら地元の人たちは「28000球の玉ねぎを手植えするなんてどうかしている」と思って見ていたとのこと。しかも、その年は玉ねぎの病気が蔓延して、半分商品になるかどうかという結果でした。

けれど、中塚さんを信じてここにきて、もう失うものもない私です。「次は何を植えようかな。いい野菜をつくりたいな」という想いしかありませんでした。それから3年ほど。野菜を育てるというのは一筋縄ではいかないということを学びました。時間をかけて育てていっても、病気や天候でその年の収穫がダメになってしまうこともあります。そこまでの作業がムダになってしまうも同然です。

そんな中、試行錯誤しながら自分たちに適した野菜を選び、育て方も学び、ここにきてようやく育てた野菜を商品化する流れまでを確立することができました。野菜づくりはゴールではありませんが、立派な野菜ができること、それを「おいしい」といって食べてもらえることはやっぱりうれしいですね。

いい野菜ができればそのまま売る。規格外のものができたら加工する。青倉の総菜や、シェファムフェアでつくるレトルト、弁当などに活かすこともできるし、加工品の材料にすれば冷凍しておくこともできます。価格変動が激しい野菜も、たくさん採れるときにレトルトや冷凍にしておけばコストが安定します。

野菜を育てることは楽しくやりがいがあります。しかもこれは道の途中だとわかっています。中塚さんと共に目指す地方再生、農業と福祉の融合という、今こそ全国に広げていきたい事業があり、すでに道は始まっています。ここからどこまで行けるのかが楽しみです。

著者より

東さんは私が出会った頃、全国チェーンのスーパーで、店長などの教育をしていました。サービスから流通まで、一流のセンスと知識と経験を持った人でした。その後、スーパーが経営不振にならなければ、私と一緒に仕事をしていなかったでしょう。これも人生のタイミングなのだと思います。

岩城のかあさんの撤退時には大変な迷惑もかけました。会社の資産をすべて整理するということで、真冬の山の工場の駐車場で深く雪に埋もれた社用車を一緒に掘り出したこともありました。「なんで俺がこんなことを」といわれても仕方ないはずなのに、なんの文句もいわずに必死で雪を掘り出してくれている東さんを見ながら、なんという善なる人なのだろうと思ったことを覚えています。掘り出した車は雪の重みで屋根がすっかりつぶれてしまっていて、東さんとふたり、笑うしかなかったことも今となっては思い出です。

私が南房総に移住しダメもとで声をかけたところ、すぐに移住してきてくれた。このときも胸が熱くなりました。その後、東さんが入院して手術をしたときに、息子さん、娘さんが鋸南工場まできてくれました。そこで初めて父親がしていることを目の当たりにし、理解してくれたといいます。それもうれしかったですね。

東さんから「親父は急に千葉に行くなんていい出して、毎日野菜をつくっている。一体どうしたんだと家族から心配されている」と聞かされていたので。農業と福祉の融合という事業の社会的意義もわかっていただけたことと思います。ちょうど事務所や調理場の設備も整ってきたときだったので、安心していただけたでしょう。

一生涯共に歩みたい男です。

岡田吉弘さんより
平和建設株式会社　代表取締役社長

中塚さんとの出会いのシーンを、今でも鮮明に思い出します。2006年3月26日の12時頃。私は広島・福山市田尻町にて毎年開催されている、たじり杏まつりの会場にいました。満開のあんずで白く染まった小道を家族と散策していたときのこと。携帯電話に友人から電話が入り「備後地方の特選農作物を探している知人が東京からきているので、ぜひ紹介したい。これからすぐに会えないか？」とのこと。

その頃私は、建設業の5代目社長の仕事とは別に、農業生産法人アグリインダストリーを設立して1年が経った頃でした。販路や商品開発に悩み始めていた時期でもあり、散策を切り上げて、早速会社でお会いすることにしたのです。

この日の1時間程の出会いが、後の私の人生にこのように大きな影響を与えるとは、私自身も中塚さんも、まったく想像していなかったことでしょう。

自分の使命と感じる食と農、そして家業である住を融合させて豊かな暮らし、社会づくりに貢献したいと考えていた私と、中塚さんの志には共通点が多々ありました。中塚さんの紹介で上京し、銀嶺食品の大橋雄二さんにお会いしたことも大きな節目でした。短いながらも濃い人生を生き抜いた大橋さんに出会えたこと、関わりを持てたことは、私の人生の宝です。大橋さんとは出会い以来、家族ぐるみのお付き合いをさせていただきました。

地ぱんの発想に感銘を受けた私は、大橋さんの事業に出資すると同時に、自分の生きる土地の人々にも地ぱんを届けたいと切望しました。大橋さんは快く許してくださり、瀬戸内海を望む工場で『瀬戸内地ぱん』の製造、販売も計画していました。

結果的に、私の力不足により地ぱんや農業生産法人など、2つの新規事業からの撤退は余儀なくされました。135年続く家業に影響してはいけないため、建設業とはまったく関係なく、自分自身で新規事業の清算をいたしました。

出会いから12年。中塚さんから学ぶことは山ほどあったにも関わらず、それを活かすことができなかった無念が心に残ります。しかし、農業と食の事業を経験したからこそ、マーケティング手法や事業継承における戦略の受容性、選択と集中の大切さ、会社ブランディングの手法などを身につけることができました。地場で長年続く建設業を営む中では思いもよらない考え方を、自分の実とすることができました。

私が新規事業の続け方を模索しているとき、中塚さんも東京から秋田へという転機だったことを後々知りました。そのときに知っていれば、秋田ではなく福山にきてもらうことを願い出たことでしょう。しかし、これまでの努力を、チャレンジを、そして今を悔やむことはありません。

家業は200年企業を目指し、次代への継承を目指して動いています。ビジネスの再構築、働き方改革も進めています。息子への継承を成し遂げたら、それからは自身の想い、やり残したことに再チャレンジするときだと考えています。

中塚さんとの機が再び熟すか、大いに期待しています。今現在も、中塚さんから託された落花生の品種改良を手がけるなど、種まきともいえることに着手しています。これまでのことを糧にしてこれからも生きていきたい、よりよい生き方を求め続けたいと心から願っています。そして、地域に根を張った私自身の事業が、その花を咲かせることを目指して歩みたいと思っています。

とっても善なる素敵な方です。尊敬の念を抱く人物です。目指す道にも共通点が多く、あのとき私が秋田ではなく、岡田氏と一緒に歩むことになっていたら……と思うことも多々あります。もちろんのこと、私は福山でレトルトの事業化、障がい者支援の事業をしていたでしょう。

出会いから今までの運命の中で、逆に私は大きな迷惑をかけることになってしまいました。それなのに、岡田氏は苦境にあってもまったく変わらず、私に接してくださいます。

そんな恩に報いるためにも、私はこれからが岡田氏との事業の本番と思っています。私たちの南房総の事業モデルを各地に展開すべく、未来への夢を語り合う仲です。鋸南の事業所も見てもらっています。南房総の落花生はいずれ双方の〝ここ〟の架け橋となるでしょう。その生産拡大に協力し合う仲です。

提携のカタチは未定ですが、私は福山への思いをはせ開業を目指す願いは消えません。あの素晴らしい土地での開業をすることで、大橋氏の想いに報いると共に、岡田氏の考えを地域と世に示したいのです。

青木則文さんより

有限会社青倉商店　代表取締役社長

スポーツの世界で生きてきた私は、亡き妻との出会いによって、青倉という食品会社の後継になってしまいました。妻は青倉のひとり娘で、地元岩井で評判の看板娘。お許しいただけるならここで少し自慢させていただくと、妻がいたから青倉は今も継続しているといいたいくらい素敵な人でした。

豆腐屋やスーパーなどの事業を手がけてきた青倉が、現在の看板商品のひとつ『伏姫さんが焼』を開発し、総菜に進出した陰には妻の尽力があります。経理も従業員の管理も、すべて妻が見ていました。従業員にもお客様にも、誰からも好かれて、みんなの心を照らすような女性でした。

彼女を病気で失い、パソコンひとつ扱えない私はどうしていいかわかりませんでした。妻の遺した息子を一人前に育てること。そして義父と共に青倉を守っていくこと。やるべきことはわかっていても、それが自分にできるのか。がむしゃらに突っ走ってはみるものの、事業の経験もなく明確なビジョンもない私に従業員はなかなかついてきません。

だからといって投げ出すこともできない。八方塞がりの中、手探りでとにかく日々をやり過ごすことに精一杯だった私のもとに、天国の妻から遣わされた（といいたい）のが中塚さんでした。

ハローワークの応募者を面接する。そのはずだったのに、「道の駅 富楽里」で出会った中塚さんは、最初から私のコンサルタントでありカウンセラーのようでした。面接官であるはずの私が一方的に数時間、中塚さんに向かって青倉の現状や自分の立場の辛さ、最愛の妻を失ったやるせなさ、家族への想いなどをしゃべりまくっていました。そんな状態を不思議とさえ思わなかった自分が、今思えば不思議です。

中塚さんは、初めて会った私の話を真剣に聞き続けてくれました。この人に青倉にきてもらいたい。いや、きてもらわなければならない。会社に戻り、社長であった義父にもすぐに話しました。こうして中塚さんがきてくれることになり、私の気持ちはすっかり前向きに変わりました。中塚さんがきてくれてから、青倉はバッチリ変わりました。

何もわからず、従業員を指導もできなかった私が原因で作業場はごみだらけの状態。中塚さんにいわせれば「食品を扱う場所とは思えない。いつ事故が起きてもおかしくない」状態だったそうです。それを中塚さん自らトイレ掃除から始め、私も学びながら環境を整え、ついにはＨＡＣＣＰのチャレンジ企業として地域保健所の指導を受けられるまでになりました。ＨＡＣＣＰなんて言葉さえ知らなかった私です。素晴らしいことだと自画自賛（笑）したくなりますが、まだまだ道は途中です。

苦手だったパソコンも必死で勉強し、仕事に必要なことはなんとか扱えるようになりつつあります。そういう仕事のひとつひとつも大切ですが、なにより中塚さんに、青倉の商品の素晴らしさを改めて教えてもらえたことが私にとって大きなことでした。

もちろんずっと誇りと愛着を持って自社商品を扱ってきましたが、地域の素材を使って自分たちで手づくりする食品の素晴らしさ。それを全国の人がおいしいといって求めてくれる喜び。

そういったことに目を向け、従業員と共にやりがいを実感しながら働く充実感を意識してかみしめること。そこに目を向けられるようになったのは中塚さんのおかげです。

中塚さんは社会をよくすることを目指しています。地方で事業を成功させることで、社会貢献を循環させるようなイメージがあります。中塚さんと共に青倉の事業も発展していけるよう、私も自分にできること、するべきことを続けていきます。私の人生の師匠と一緒に。

著者より

ハローワークの募集に応募して会いに行ったその日、当時業務部長だった青木さんの話を3時間以上も聞き続けました。いうことを聞かない社員の実態や、会社を守らなければいけないこと、奥さんとの馴れ初めと失ったことへの喪失感、息子への愛などをまるで堰を切ったかのごとく彼は話し続けていました。

話に聞き入り、その姿を見つめていたら、これからの大切な道筋が見えた気がしたのです。彼は後に「この人はきっと私を救ってくれる」と思ったそうです。人の縁とは不思議ですが、私は偶然ではないと思うのです。

40過ぎまでパソコンを触ったこともなかった青木さん。現実的には私がいうことを心のどこかで「そんなこと本当にできるの?」と信じられなかったことでしょう。でも、今ではエクセルで損益表や勤怠管理、コスト計算などもこなしています。彼に「中塚さんの人生に私が必要ですか?一生懸命やります……」といわれたときは思わず「そうきたか!?」と話しましたが、本当に嬉しく思いました。これで彼は大丈夫と感じた瞬間でした。一念発起してやる気になった人間は強いということを、改めて見せつけられたような気がし、また、彼の強い想いに触れたような気がした瞬間でもありました。

そして2018年の春、彼は正式に社長になりました。私の指南コストを吸収して昨対実績で、明らかに好転してきています。青倉に出会わなければ、私は最終的にこの地を選んだどうか……。それだけの大きな出会いでした。私の人生の集大成に向けて、ずっと一緒に歩んでいける。共に歩んでもらわねば。新社長にはそう覚悟していただきましょう（笑）。

中山郁夫さんより

株式会社ライフサポートピュアジャパン　代表取締役社長
有限会社なかやま　代表取締役社長

私は今、中塚さんと一緒に鋸南での事業を進めていますが、もともとはまったく違う畑を歩んできました。鋸南町で祖父が起こした薬局を継ぎ、新たに調剤中心の薬局を立ち上げ薬剤師として仕事をしていました。会社がある程度安定したので、そこを社員に渡し、畑で野菜をつくっていました。

そんなあるとき知人から「青倉の中塚さんが野菜を買ってくれるかもしれない」と聞きました。紹介してもらって会ったとき、雷に打たれたような衝撃を受けました。1度目にすでに「この人と一緒に仕事をしたい」と思い、2度目には「あぁ、見つけたな」と確信しました。

家業を引退したのは、自分の残りの人生を賭ける何かを見つけたかったからです。きっと何かに出会えるだろうと思って、たまたまあった畑を借り野菜をつくり始めました。それが縁で中塚さんに出会い、これまでの大変な経験や熱い想いを聞いて「これだ！」と直感しました。すべてが当たり前のこと、自然な流れだったような気もするし、ものすごい運命だとも感じるのです。

2度目に中塚さんに会って、いろいろ話したときでしょうか。中塚さんも「一緒にやろう！」といってくれました。「あなたと一緒にやりたい」と人からいわれたのは、人生で初めてのことです。いつも私がいう側でしたから……。その帰り道、車を運転していると、なんだか顔に違和感がありました。なんだろうと思ったら、自分の目から涙があふれだしている。知らず知らずのうちに、涙が出てきて止まらないのです。危なくて運転も続けられない状態になり、思わず車を停めてしばらく路肩で泣き続けました。頭で考える以上に、感情が、魂がこの出会いに震えていたのだと感じます。

この話は今まで誰にもいったことがありません。もちろん中塚さんにもです。迷いましたが、中塚さんの著書に寄せるここで、1度自分の想いを整理し、覚悟を新たにするためにも書いておこうと決めました。

すべての出会いは偶然と思える必然です。人生に起こることは、すべて特別なことであり、それが当たり前のことでもあります。出会うべくして出会ったというい方もできるし、この出会いがなければ……と思うこともあります。そして、私たちが今こうしてここにいて一緒に仕事をしているという事実。それがすべてです。

中塚さんが見出した東京ベイサーモンやしま鯵、私の育てた菜花。地元の人間にしたら、普段から身の回りにある当たり前のものです。けれど、しっかりブランディングをし、デザインをして売り出せば、地域の宝を全国に伝えられる媒介者になります。実際、食べてみるとうまい！

自分たちが普段当たり前に食べてきたものが、実はこんなに素晴らしいものだったのだと気づかせてくれます。

農業、漁業、加工、福祉、そして誰にでもある日々の暮らし。それらは別々のものではなく、すべてがつながっているもの。足もとから全国へと広がれるもの。私たちがしていることは、何も特別なことではないはずです。人間の営みの中で、地道に、しかし輝きながらそれぞれが自分らしく生きていくための事業を目指しています。普通の暮らし、当たり前の日常で行なっていること。それを続けられることが大事なのだと思います。

私たちの出会いが何をもたらすのか。それがわかるのはまだ先のことでしょう。しかし、すでに道は始まっています。まだまだ苦労もあり努力も必要ですが、着々と築かれています。迷いなく進めるやりがい、その幸せがここにあります。

著者より

南房総にきて中山さんに出会ったことは、私自身にとっても大きなことでした。地元では知られた薬局の3代目として薬剤師の資格をもち、高齢者の介護福祉の事業所も運営されていて、新たに立ち上げた調剤薬局を若手に継承し、もう10年介護サービスの分野でも活動しています。そして同世代にしてフルマラソンを走る人。

ついでに申せば、大型バイクを2台所有。とても素敵な奥様とご子息。そんな出会いがあるのでしょうか？ その順調な仕事を若手に譲って、ひとり野菜づくりを始めた人物。連絡をもらったときには、一体どんな男かと思いました。

会ってみると、その瞬間にとてつもない大きな運命を感じました。今回、本書に寄せていただいた原稿で、中山さんも同じように感じてくれていたことがわかりました。私と会った帰り道、車中で涙したことなど、1度も話してくれなかったのですから。

私は2度目に会ったとき「食と農業と福祉を融合させた、地域の問題を解決する事業をするんです！」と話しました。

「したい、ではなく、するのですね。それでしたら私も一緒にしたいです。します」と彼はいってくれたのです。

地元で人々の暮らしに役立つ事業を展開してきた中山さんが参加して

くれたおかげで、私たちを見る地域の目は確実に変わったと思います。

それをいっても中山さんは「関係ない。たまたまですよ」と、いつも通りひょうひょうとしていますが、そういう人だから皆、口にはせずとも「この人がいるなら大丈夫」と思うのです。

「自分の人生の中で、何かを見つけたかった。それが何かは見当もつかなかったけれど、そのときがくれば必ずわかると信じていました。そうして、出会ったとき、確かにわかったのです。この人と共に歩む道に、自分の道があると」

いつも相手の目をまっすぐに見て話す中山さんの言葉を聞きながら、胸の奥に熱いものが込みあげてくるのでした。

生きることに真摯で真っ正直、それでいてビジネスセンスを持った凄腕の人だとすぐにわかり、一緒に仕事をする今、その凄さのとてつもないパワーに驚いています。中山さんは地元の人たちに必要とされ、尊敬されている。何かにつけて地元の人の相談にも乗っています。移住してきた私にとって、なんと心強い出会いだったことでしょう。

今回、出会った当時のことを記していただきました。普段はそんなことをおくびにも出さずに明るい中山さんの心の内に改めて触れた気がして、驚くと同時に感動しています。チームのみんなと、これからも強く前を向いて歩んでいきましょう。

日本一の愛される福祉グループを目指して。

◀古山真理子先生

古山真理子先生より
社会福祉法人白鳩育英會　白鳩保育園　園長

今回、ご著書にメッセージを寄せる役を仰せつかり、地域の保育園のことを、そのような温かい目で見ていただいていることをとてもうれしく思いました。

私たちは、特別なことは何もしていません。先代の園長がここと決めた土地に保育園をつくり、子どもたちの未来を育むという想いだけを胸に、地道な保育を変わらずに続けているだけです。耐震補強などはしたものの、建物も創立当初の形を活かしているので、現代的な保育園ではないと思います。使い勝手の面でも、最新設備やデザインを取り入れた機能的な園ではないでしょう。でも、私たちは、ここでずっと、のびのびと子どもたちが過ごせるよう、大木となり大輪と花を咲かせられるように、愛情をもって接しています。

みんないっしょくたではなく、誰もが素晴らしい個性をもって、自分の道で輝くひとりの人間。キラキラ光る子どもたちの感覚を大切に育むために、最新の設備や機能重視のデザインでなくても大丈夫。一人ひとりに寄り添うことが、なによりも大切なのだと考えています。

一時期は、お子さんのいる家庭を一軒一軒回って教育方針などを説明したこともありました。幼稚園には幼稚園のよさがあります。けれど、お母さんが安心して働けるよう、子どもたちに全力の愛情を注いで育てる当園のよさも知ってもらいたい。赤ちゃんから小学校6年生まで、大きな家族のように過ごせる園があることを知ってほしい。そういう気持ちでした。

おかげさまで、今では役所の方々にも「伝統と実績のある保育園」といっていただけるようになりました。教え子が成長して家庭を持ち、その子どもが通ってくる。そういうことがたくさんあります。とてもうれしいことです。中学生になって卒園した子が、時間のあるときにふと寄って、他愛もないおしゃべりをしていく。それも当たり前の光景です。高校受験のときには、お正月を過ぎた頃、お守りとメッセージを送っています。民間の園なので、ずっと見守り続けられる。それがとてもうれしい。みんな自分の子どもと同じですから、ここで終わりということなく、いつまでもつながっていたいのです。

一応クラスによって担任の先生がいますが、どの子どもも全部自分の子ども。そういう想いで一緒に過ごしています。年長の子は下の子の面倒を自然に見てくれます。

中塚さんが南房総に移住されて目指しているのは、この地域を豊かにすることなのだと理解しています。この地に暮らすすべての人たちに共通する願いであり、子どもたちの未来を輝かせるための挑戦でもあると思います。

ここに来る以前からとうかがっていますが、中塚さんは天寧《あまね》ちゃんをひとりで育てていました。ご自身を賭ける事業との両立は大変な苦労だったと思います。現在も新規事業にチャレンジする大切な時期でありながら、いつでも園の行事に積極的に参加し、協力していただいていること、本当にありがとうございます。

その想いの強さ、天寧ちゃんへの愛の深さ、ブレないチャレンジ精神は素晴らしいと、いつも感銘を受けています。

運動会の2日前、天寧ちゃんが骨折するという園内事故を起こしてしまい、申し訳ない気持ちでいっぱいでした。出張先から駆けつけてくれた中塚さんは、恐縮する私たちを逆にねぎらってくださいました。卒園式ではお母さんにメッセージを渡せた天寧ちゃんの姿。元気に小学校に通いながら、毎日、そしてときには土曜日にも学童にきてくれる天寧ちゃんの笑顔。毎日お迎えにいらっしゃるお父さんの愛情あふれる姿。

私たちも地域のために、宝である子どもたちが、幸せに生きるための知恵と力を伸ばしていけるよう、これからも全力でサポートしていきます。そういう形で地域に、未来に貢献していきたいと思います。

著者より

移住するにあたって大切なことは、なにより末娘の天寧がよい環境で成長できること。この保育園に出会ったとき、ひとめで「ここなら大丈夫！」と感じました。言葉で表現するのは難しいのですが、園の様子にまず惹かれ、先生方にお会いして、その魂や想い、愛と光を感じたのです。

私の出張中に天寧が骨折したときも、鴨川の病院で夜遅くまで付き添ってくださいました。しかも、運動会に参加できなかった娘のため、卒園間近の時期にわざわざ娘の演目の発表の場を設けてくださったのです。一人ひとりに寄り添うという言葉が机上の空論や理想論ではなく、本物として息づいていることに感動しました。心から感謝しています。

たったひとつだけ苦言を呈させていただくとするなら、卒園式に子どもから親へとメッセージを渡す感動のイベント。あれを「ママへのメッセージ」だけでなくパパにもぜひ！

そんなことを申しましたら「わかりました！」とすぐにおっしゃっていただける。これからの卒園生のパパが羨ましいです！　園長先生をはじめ、先生方の笑顔が、その情熱が子どもたちをいかに救っているか、輝かせているかを日々見るにつけ実感します。これからも学童保育に通う娘を、そして地域の子どもたちを、どうぞよろしくお願いいたします。

故・大橋雄二氏へ

銀嶺食品工業株式会社　前代表取締役社長

血友病と壮絶な闘いを続けながら銀嶺パンの2代目として生き抜いた60年。大橋氏は2016年、私より先に逝ってしまいました。「地ぱん」というブランドに掛けたものづくりの思想を残して。

彼のご両親がつくった銀嶺食品は福島市で今も継承されています。病の進行と経営難、そして後継者問題からM&Aを行い「銀嶺パンを残せたと感謝している」と、彼は生前私にいってくれました。されど、そこから「地ぱん」は消えてしまった。

2013年の夏、私は彼との合弁会社として、レトルト食品とパンを配食する事業としての地域販売会社を福島につくりました。その頃、銀嶺食品は代替わりを進めていたのですが、大橋氏から「ねぇ中塚君。地ぱんマンの人形は要らない？」と尋ねられたのです。そのときは貰ってもパン屋としての家業でもないしと思い断ってしまったのです。そのとき受け取っておけばと今も悔やんでいます。もしかしたら心の奥底で、私に継承者としての依頼と期待感を持っていたのかもしれません。

パンは生きている。　やなせたかし
ぼくはアンパンマンの作者だが昔からパン
大好き人間でパンの味にはうるさい方である。
偶然のことから国産小麦粉を使った地パン
のキャラクターを依頼され、その時には全く
期待せずにいただいた地パンを喰べて本当に
びっくりした。
おいしい！パンだが日本の味だ！すごい！
すぐに年間予約して毎朝喰べている。
これが銀嶺食品工業の地パンとの最初のめ
ぐりあいである。
地パンのおいしさはどこからきたのか？
この本を読んではじめてわかった。
つくっている大橋雄二さんがすばらしい！
むしろ壮絶といえるほどの苦難の人生だが、
パンが熱い炎で焼かれるように人格が完成し
ていく。パンの中に人格がしみこむのだ。
パンは生きている。つくる人の精神がすぐ
れていれば自然にパンはおいしくなる。
やなせたかし
中塚総紀様

▶やなせたかし氏からの直筆の手紙

この本の出版を決心した1カ月ほど前。大橋氏が私の夢枕にて清々しい姿と笑顔で「そうかぁ！　中塚君が地ぱんを継いでくれるんだね。いいよ～!!　お願いするね」というのです。目覚めた私は感涙の枕でした。ここ南房総の地で再起し活動していること、大願の福祉事業との融合を果たしたことを奥様にもご報告させていただきました。あれから毎朝、合掌にて祈りを捧げています。

東京時代に彼の本『生きぬいて命のパンをつくって』を私の企画で出版したのですが、長年付き合ってきた私にはどうしても書き込めないところがあり、その頃は数カ月悩んでいました。出した結論は「そうだ!!　お母さんの言葉にしよう」。紆余曲折がありましたが、無事世に送り出せて本当によかったと思っています。

ちょうど折しも地ぱんを一緒に育てている最中でした。大橋雄二のパンである、米と麦のパンや、今も受け継がれている『柚子の故里』の販路拡大へと取り組んでいたのです。そのパンのキャラクターをやなせたかし氏に描いてほしいと願い、やなせ氏に地ぱんを食べていただきました。やなせ氏は「これは日本のパンだ!!」と、無償でアンパンマンそっくりのキャラクターをくれたのです。いつもの我々の真っ直ぐ主義が実った結

果、ふたりで大喜びしたことは忘れられません。

まさかやなせ氏にキャラクターをつくっていただけるとは。でも、最初からあきらめてしまえば可能性はゼロです。お願いしてみてダメだったとしても失うものはありません。それならば、できるだけのことをしてみなくてどうしましょうか。

思えば仙台時代。販路拡大の依頼で、当時の会社に電動車イスできたときの颯爽とした大橋氏の姿が忘れられません。当時ジャスコ（現イオン）東北との商いを主軸としていた私に「神棚にあるお酒と米と塩に、国産のおいしい小麦、そして日本の醸造技術の究極ともいえる魚醤を使ったパンが出来たんです!! ぜひ売る手伝いを」と。そうして、商品デザイン含めて一緒に走り出したのです。

『柚子の故里』はモンドセレクションを受賞する商品として成長し、その想いは生き続けています。もうひとつの地ぱん。米と麦のパンを受け継ぐことを私の使命とし、麦と米の生産者の付加価値向上の連携策として、改めて育てる決心で歩み始めました。

力不足から最後まで支えられぬ結果となり、彼が選択した終の地で彼と家族を支えてくださった、北海道岩見沢の障がい者支援施設クピドフェアの吉田理事長様と皆様に、心より感謝の意と、最期役立つこと叶わなかった過去を深くお詫びし、ここに改めて申し添えさせていただきたいと思います。

娘たちへ

最後に、最愛の娘たちに宛てた想いを綴らせていただき、結びに変えたいと思います。これまで父としての想いを面と向かって話しことなどありませんでしたが、心の奥深くでつながっているのですから、私にとって彼女たちが命に変えても守るべき存在であることはわかっているはずです。娘たちがいたからこそ私の人生は意味があり、私の命は輝くのです。

一輪の花
人生も最終章
夏の海に立つ

遙かなる水平線の彼方を見つめ
歩み続けた道
幸せの何たるかもわからないで走った頃
夢描き奔走した時代

私の命の根源
その総て
我が娘たち
いつの時代も再びの勇気をくれた
愛しやまない笑顔
寂寞の思い

命燃やし
天に誓い
善なる道をと
我が此処に咲く

この花が枯れ逝こうとも
風が種運び
それぞれが
それぞれの此処に
美しく優しく
そして強く咲いてほしい

いつの日か
大輪の花となるように
天に祈り

FOREVER"

おわりに

自分を信じて信念と希望を胸に生きてきた人生でした。同時に、若き頃に志した道を幾度も外し、また立ち返り、挑戦と失敗の中から見出してきたものはいったい何であったのかと悩み生きてもきました。

今回の出版に際して随分と迷いましたが、私の背中を押してくれた、株式会社報宣印刷の田邉社長、企画執筆に応援いただいたオフィスふたつぎ二木由利子さんと稲佐知子さんに、協力していただいた方々に、心より感謝の意を述べます。

多くの挑戦の果てに心ならずも心配や迷惑をかけてしまった方々に心からお詫び申し上げつつ、事業者として起業を目指す方々と後生に受け継ぎたい食を結ぶ事業のあり方としてこの1冊を書かせていただきました。

人は疑心と恐怖と失望にて滅びる。本文でも紹介した思想家の詩にある感覚は、若い頃からこの心に根ざしていたものです。どん底の艱難《かんなん》辛苦の中で奔走しながら流れる涙を拭き、叱咤《しった》激励を真摯に受け止めつつ、そのときどきの事象を越えられたのは、ひとえに福祉融合と児童養護への事業化の意志と、我が娘たちへの愛と応援であったと思います。

失望感と闘ういかなるときも、常に道を模索し立ち向かって生きてこられたことの源は「迷走する時代も決して諦めない」信念であったかと思います。その根底には、私の両親と祖父母から受け継いだ性格があるのかもしれません。そして支え導いてくれた人たちと、私が生きた地域社会にあったのだと思うのです。亡き祖母の口癖は「石の上にも三年」でした。

私の生まれた北海道の極寒の田舎は、今思うととても貧乏な地域だったと思います。しかし、不思議にも兄弟と育つ環境の中で不幸感を抱いたことはまったくありませんでした。そんな育て方をしてくれた両親に心から感謝したいのです。2枚の布団に4人兄弟で寝た思い出や、冬の朝には粗末な家の木製の窓の隙間から吹き込んだ粉雪が畳の上に積もる思い出。薪ストーブを燃やすために、弟妹を乗せたリヤカーを曳《ひ》いて、おがくずを定期的にもらいに行ったことも。そんな中でも一歩一歩でしたが、幼い頃からここまでこられたこと、愛するものを守らねばならないという一念を吹き込んでくれたことを今は亡き父と母に感謝します。

共に暮らした兄弟に、愛する娘たちに、多くの挑戦と失敗に際して応援してくれた人たちに感謝いたします。困窮辛酸の中、自費を投じても支えてくれた人に感謝いたします。そのときどきで叶えたいと思い挑戦し実らなかったことも多々ありました。悲しませてしまった人に、心からの感謝の意と言葉を添えて深くお詫びしたいと思います。

私にできることは、地域の大地に立ち、志高く後生のために自分は生きたいと望む人に、この取り組みを広めることにあると信じています。それぞれの大地、田んぼや畑、山里や水平線を見つめる人に、日々奔走する家業事業の真っ只中で未来を模索している人に「あなたの大地〝ここ〟で咲けるのです」と伝えたいのです。

私のこれまでの歩みは「食」の道でしたが、福祉と融合する事業に垣根はありません。伝統工芸品や家具製造などとの連携もあり得るでしょう。経営のあり方も同様だと思っています。

親子3世代が労り支え合った生き方を現代の田舎の事業に置き換えて、それぞれが融合し発展できることが、ひとつでも多くこの日本に増えることを、心から心から願ってやみません。

２０１８年6月10日

一般社団法人アースファクトリー代表理事　中塚総紀

著者
中塚総紀（なかつか　ふさき）
1959年北海道生まれ。最終学歴：国立茨城工業高等専門学校。一般社団法人アースファクトリー代表理事、CBKホールディング株式会社取締役（東南アジア・中国事業展開法務支援）、株式会社ライフサポートピュアジャパン代表取締役専務、有限会社青倉商店専務取締役。イタリアンシェフ、カメラマン、制作者。
6次産業化支援と高齢者と障がい者の生活就労支援の複合事業化の確立を目指し、フードコンサルタント、食品生産販促アドバイザーとして活動。これまでに1000品目以上の食品開発を手がけ、そのうちレトルト食品開発は300品目以上の真空低温調理商品の開発実績がある。2015年8月に20年来の目標であった南房総に移住し、農業と加工販売に福祉事業を組み合わせた事業のモデル化に取り組む。2016年12月旧アースファクトリー株式会社を一般社団法人化し、地域創造支援の取り組みを深めるため、農業と生産加工と配食福祉サービスの融合事業の展開を進める。

地方起業のすすめ
「食」と「福祉」の翼　人に優しい融合事業　その襷を未来へつなぐ

2018年8月31日〔初版第1刷発行〕

著　　者　中塚 総紀
発 行 者　佐々木 紀行
発 行 所　株式会社カナリアコミュニケーションズ
〒141-0031 東京都品川区西五反田 6-2-7 ウエストサイド五反田ビル3F
TEL.03-5436-9701　FAX.03-3491-9699
http://www.canaria-book.com
印 刷 所　株式会社報宣印刷
編集協力　オフィスふたつぎ　二木 由利子
執筆協力　稲 佐和子
写　　真　土肥 裕司・中塚 総紀
校　　正　庄 康太郎・前田 直樹・宮原 拓也・新木 悠吾
装丁/DTP　WHITELINE GRAPHICS CO.

ISBN978-4-7782-0441-9 C0034